Susanne Lücke

BROTBACKEN

Susanne Lücke

BROTBACKEN

Klassische und moderne Rezepte

Südwest Verlag

Abkürzungen: EL bedeutet Eßlöffel
TL bedeutet Teelöffel

Fotos: Kurt Sattelberger, Füssen

Schutzumschlag: Eisele/Bulach & Partner, Augsburg
Satz: Typodata GmbH, München
Repro: MB-Scan, München
Druck + Bindung: Uhl, Radolfzell

ISBN 3-517-01166-5

INHALT

Vorwort

Die vorliegende Sammlung von Bauernbrot-Rezepten hatte ihren Ursprung in einer Leidenschaft, die ich mit vielen teile: der Vorliebe für knusperige Kruste, die mich zu dem Entschluß verführte, ein Brot herzustellen, das nur aus Rinde bestand – also praktisch einen Fladen, wie man ihn ursprünglich nur in Südtirol, inzwischen auch nördlich der Alpen in vielen Läden in Gestalt der „Vintschgerl“ (nach dem Vintschgau in Südtirol benannt) kaufen kann, nur noch dünner. Die ersten Erfahrungen mit der Verarbeitung von Sauerteig, den ich mir zunächst beim Bäcker besorgte, waren nicht unbedingt ermutigend.

In Ermangelung von Rezepten hatten diese ersten Versuche den Charakter reiner Experimente. Aber das Vordringen in Neuland hat ja immer eine große Anziehungskraft, wenn auch Erfolge zunächst einmal ausbleiben. Andererseits war es nicht zu leugnen: So einfach, wie ich es mir vorgestellt hatte, war Brotbacken anscheinend doch nicht. Nachdem wir uns eine Weile an meinem kernigen Gebäck die Zähne gestärkt hatten, trat eine gewisse Ermüdung nicht nur der Kauwerkzeuge, sondern auch des Interesses ein. Bis mir eines Tages (es war ein Gründonnerstag) eine Jugoslawin beiläufig sagte, sie müsse noch das Brot für den Karfreitag backen – so, als sei dies die selbstverständlichste Sache der Welt. Ich spitzte die Ohren und dann den Bleistift, um das Rezept zu notieren: Der Grund zu meiner Sammlung war gelegt. Die übrigen Rezepte sind auf Reisen durch Europa, bei Gastarbeitern und ethnischen Gruppen aus den ehemals deutschen Ostgebieten zusammengetragene Ausbeute. Rasch zeigte sich dabei, daß dies vielleicht der letzte historische Moment ist, ein uraltes bäuerliches Kulturgut vor dem Vergessenwerden zu bewahren: Immer weniger Bäuerinnen backen das Brot im Hause, und das Wissen, das früher von der Mutter an die Tochter weitergegeben wurde, geht verloren. Manche Rezepturen werden zwar vom Bäckerhandwerk (mit etwas veränderter Technologie) benutzt, viele Leckerbissen waren jedoch immer auf die häusliche Brotbäckerei beschränkt, so daß man sich den Zeitpunkt ausrechnen kann, da niemand mehr etwa über Siebenbürger Krautbrötchen oder Flammkuchen und roggene Schuxen wird Auskunft geben können. Das „Zsambrot“ aus dem Bayerischen Wald, eine Art Marmorbrot aus hellem und dunklem Teig, ist schon so gut wie vergessen.

Natürlich kann die Aufforderung, selbst Brot zu backen, nicht so verstanden werden, daß man von nun an den täglichen Brotbedarf aus dem eigenen Backofen decken soll. Damit wären heute die meisten Frauen überfordert. Aber statt für den Sonntagstisch Kuchen – Brot ins Rohr schieben! Das wäre ohne Zweifel überlegenswert.

Kleine Mehlkunde

Die bundesdeutschen Mühlen bieten nicht weniger als 20 Mehltypen an: neun Roggen- und acht Weizenmehltypen, drei Typen Roggen- und zwei Typen Weizengemengemehl. Roggenmehle sind die Typen 610, 815, 997, 1100, 1150, 1320, 1370, 1740 und 1800. Letztere führt auch die Bezeichnung „Roggenbackschrot". (Schrot ist das Mahlerzeugnis aus dem ganzen gewaschenen Korn, dem lediglich der Keim und die äußersten Schalenteile fehlen.) Bei Weizenmehl gibt es die Typen 405, 550, 630, 812, 1050, 1200, 1600, 1700 und 2000. Außerdem gibt es Mischmehle, und zwar Roggengemengemehl, das zu 60% aus Roggen-, zu 40% aus Weizenmehl besteht, und Weizengemengemehl aus 60% Weizen- und 40% Roggenmehl. Als ideale Brotmehlmischung gilt ein Gemenge aus Roggenmehl, Type 997, und Weizenmehl, Type 1050.

Zunächst einmal: Was bedeuten die Zahlen? Sie haben nichts mit der Qualität des Mehls zu tun, sondern beziehen sich auf den Ausmahlungsgrad: Je niedriger die Zahl, desto geringer die Ausmahlung, das heißt, ein solches Mehl hat einen hohen Mehlkörperanteil und ist deshalb hell. Je höher die Zahl, desto höher der Ausmahlungsgrad: Da hier auch die Randschichten des Korns mit vermahlen sind, erscheint das Mehl dunkler – und ist zugleich, da Mineralien, Proteine und Vitamine in der Schale verborgen sind, für unseren Körper wertvoller. Die Zahlenwerte beziehen sich auf den Ascherückstand (der praktisch aus Mineralien besteht) bei der Verbrennung des Mehls.

Angesichts des vielseitigen Mehlangebots erscheint die „Auswahl" für den Normalverbraucher erschütternd mager. Da im Haushalt im allgemeinen nur Kuchen gebacken wird, ist das Mehlangebot im Handel auf Weizenmehl der Type 405, das sich dazu am besten eignet, beschränkt. Neidisch könnte man werden, wenn man bedenkt, daß z.B. ein normaler Selbstbedienungsladen in Kanada (das allerdings ein Mehlland ist), im Durchschnitt fünferlei Mehl anbietet: zwei Sorten Weizenmehl, Weizenschrot, dunkles Roggenmehl und Grahamschrot! Zugegeben, die Verbraucher wüßten hier damit nur wenig anzufangen. Wir backen keine Grahamsemmeln und kennen keine Muffins (die auch nicht jedermanns Geschmack sein dürften). Aber immerhin gibt es inzwischen auch bei uns nicht wenige, die entdeckt haben, daß Brotbacken weder so schwierig noch so zeitraubend ist, wie man im allgemeinen glaubt.

In unseren üblichen Einkaufsquellen gibt es in der Regel nur das Weizenauszugsmehl der Type 405, allenfalls einmal die nächsthöhere Type (550), die sich für Semmeln und Weißbrot gut eignet. Manche Geschäfte führen das sogenannte doppelgriffige Mehl, Type 405, das korrekt eigentlich als „Dunst" (= feiner Grieß) bezeichnet werden müßte. Es soll sich durch einen hohen Prozentsatz an dem sehr kleberstarken kanadischen Weizenmehl („Manitoba") auszeichnen, sei also ein qualitativ hochstehendes Mehl, wie einige Mühlen versichern. Es eignet sich hervorragend für Blätterteige, aber auch für deftige Weißbrote.

Im übrigen sind wir auf das Reformhaus angewiesen, das manche wegen der gepfefferten Preise nur ungern betreten. Hier jedoch kann man für die Brotbackstube geeignetes Material erstehen: Weizenmehl der Typen 550, 1050 und 1700, das der Schalenanteile wegen als „Schrot" bezeichnet wird, Roggenmehl, Type 1370, Roggenvollkornschrot, Type 1800, und schließlich das ganze Roggenkorn, das man selbst mahlen oder im Mörser quetschen kann, nachdem es in heißem Wasser gequollen ist. Das für manche Rezepte erforderliche Gerstenmehl, das sich zwar für Brotmehl nur als Beimengung eignet, weil es nicht backfähig ist, aber bestimmten Gerichten ihren charakteristischen Geschmack verleiht, ist unter Umständen schwer zu beschaffen. Bei den betreffenden Rezepten ist jeweils eine Alternative angegeben.

Grahamschrot, einen nach dem amerikanischen Arzt Graham benannten groben Weizenschrot, kann man ebenfalls im Reformhaus erstehen.

Noch ein Wort zu den Preisen: Leider geht aus den Packungsaufschriften nicht die Qualität des Mehls hervor (worin die eigentliche Mehlqualität besteht, soll in dem Kapitel über die Teigbereitung zur Sprache kommen). Auch der Preis sagt nicht viel über die Güte aus. Es gilt zwar grundsätzlich, daß besseres Mehl auch teurer ist, denn die hochwertigen Mehle, mit denen unser Weizenmehl verschnitten wird, sind nicht billig. Fachleute behaupten jedoch, alle angebotenen Mehle der Type 405

seien qualitativ gleich und die zum Teil erheblichen Preisunterschiede kämen meist durch Mischkalkulationen zustande.
Durch das Mahlen wird der Organismus des Korns zerstört, die Zellen werden zerrissen, aber die Enzyme, die im intakten Korn Substanzen ab- und andere wieder aufbauen, arbeiten auch im Mehl weiter. Führt ihre Arbeit ursprünglich zum Keimen des Korns, hat sie im Mehl nur noch den Abbau der Substanzen zur Folge: Das Mehl verdirbt unter Einwirkung von Luft und Feuchtigkeit sehr rasch.
Unter optimalen Bedingungen (kühl, luftig und trocken) gelagert, hält sich das Getreide von Ernte zu Ernte, Mehl nur einige Wochen, das Aroma verduftet sogar innerhalb weniger Stunden. Roggenmehl verliert auf Grund seines höheren Fettgehalts schneller seine guten Backeigenschaften oder wird gar unbrauchbar.

Mehlwahl

Alle zum Brotbacken geeigneten Mehle bekommt man in Reformhäusern. Auch in manchen Kettenläden werden Weizenmehl, Type 550, und Vollkornmehle angeboten.

WEIZENMEHL

Ob ein Weizenmehl gut oder weniger gut ist, hängt von seinem Kleber (Gluten) ab – sowohl von der Menge als auch (mehr noch) von der Qualität des Klebers. Was ist Kleber?
Weizenkleber ist ein Eiweiß und aufgrund seiner besonderen Eigenschaften – er klebt, ist zugleich plastisch und elastisch – der eigentlich teigbildende Bestandteil des Weizenmehls. Die Bindefähigkeit des Weizenmehls (und damit auch die Teigausbeute) hängt von der Menge und Qualität dieser teigbildenden Substanz ab.
Kleberarme Mehle führen, da sie keine ausreichende Quellfähigkeit und Elastizität haben, zu unbefriedigenden Backergebnissen. Sie werden daher mit kleberreichen Mehlen verschnitten. Das beste auf dem Weltmarkt ist das „Canadian Western Red Spring", das früher die Handelsbezeichnung „Manitoba", nach der gleichnamigen kanadischen Provinz, trug. Man irrt nun, wenn man meint, reines „Canadian Western Red Spring" wählen zu müssen. Ein zu „starkes" Mehl ist ebenso ungeeignet wie ein zu „schwaches": Bei zu straffem Kleber geht der Teig nicht genügend auf. „Schwache" Mehle kann man übrigens auch durch die Zugabe von Salzen, Säuren oder Vitamin C stützen. Deshalb wird unserem Weizenmehl Ascorbinsäure, also Vitamin C, zugesetzt.

ROGGENMEHL

Die teigbildenden Substanzen im Roggenmehl sind Gummi- und Schleimstoffe, die zu der Gruppe der Kohlenhydrate gehören. Auch in diesem Fall ist die Qualität der teigbildenden Stoffe (vor allem der Schleimstoffe) bei den niederen Typen besser.

WELCHE TYPE FÜR WELCHES GEBÄCK?

Das asche- und kleberarme Weizenauszugsmehl der Type 405 eignet sich eigentlich nur für Konditorware, die Type 550 für Brötchen und Feingebäck. Dieses Mehl ist zwar auch nicht sehr kleberreich, der Kleber ist aber stark genug, um einen „standfesten" Teig zuwege zu bringen. Mehl der Type 812 ist das richtige Material für Weizenbrot und Weizenmischbrot. Die Klebermenge und -qualität ist durchschnittlich. Kleber in großer Menge und noch durchschnittlicher Güte ist in der Type 1050 enthalten, die für Weizenmischbrote und Roggenmischbrote geeignet ist. Type 1600 verwendet man für Roggenmischbrote. Der Kleber ist hier minderwertig.

DER ZUGUSS

Über das Wasser ist nicht viel zu sagen. Interessant ist, daß hartes Wasser, dessen Härte vor allem auf dem Gehalt an Kalzium beruht, sich bei Mehl mit normalem Klebergehalt günstig auf die Teigbeschaffenheit auswirkt: Kalzium verfestigt nämlich den Kleber. Dieselbe Wirkung hat übrigens das Speisesalz, das wir dem Teig zusetzen.

Weizen-Type
550
1050
1700
405
Roggen-Type
1150
1800

Die Teiglockerungsmittel

Aus Mehl und Wasser wird Kleister. Erst die Triebmittel, die den Teig lockern, lassen aus dem Mehlbrei später ein Gebäck mit lockerer Krume werden. Da Brotteige auf einen sogenannten Nachtrieb im Ofen angewiesen sind, benötigen sie Triebmittel, die bis zur Verkleisterung der Stärke und zur Gerinnung des Eiweißes wirken. Chemische Mittel (wie das Backpulver) sind dafür nur bedingt geeignet, da ihre wesentlichen Bestandteile, die Karbonate und Bikarbonate, die Kohlensäurebildung einstellen, bevor der Teig zur Krume geworden ist. Nur die biologischen Triebmittel Hefe und Sauerteig können während des Backvorgangs lange genug das treibende Gas freisetzen. Ausnahmsweise kann Backpulver bei Kastenweißbrot mit sehr weichem Teig als Lockerungsmittel fungieren.

DIE HEFE

Heute verwendet man ausschließlich Bäckereihefe (auch Backhefe genannt), eine auf der Basis von Melasse oder Getreidemaischen gezogene Kulturhefe, die als Preß- oder als Trockenhefe in den Handel kommt.
Preßhefe gibt es in Portionspackungen (in Würfelform) zu 42 g zu kaufen oder – wenn man Glück hat in „Tante-Emma"-Läden oder beim Bäcker – vom großen Stück („Pfundhefe"). Die letztere hat entschieden die bessere Konsistenz: Hefe bröckelt „muschelartig", wenn sie den angemessenen Feuchtigkeitsgehalt hat. Sie hat dann auch die bessere Triebkraft. Würfelhefe ist meist zu feucht. Frische Hefe kann man übrigens einfrieren, ohne daß sie Schaden nimmt. Die Hefezellen sind weit weniger kälte- als hitzeempfindlich. Trockenhefe, wie sie überall im Handel zu haben ist, hat zwar den Vorteil, daß sie ein Jahr haltbar ist, es kann aber passieren, daß (weshalb, ist noch nicht geklärt) beim Einweichen in Flüssigkeit bis zu 90 % der Hefezellen absterben. So büßt die Hefe einen Teil ihrer Wirksamkeit ein oder wird gar unbrauchbar.
Die Aktivität der Hefe besteht darin, daß sie auf entsprechendem Nährboden, in diesem Fall im Teig, beim Abbau der Nährstoffe Gärungsalkohol erzeugt und dabei Kohlendioxid (Kohlensäure) als Abfallprodukt „ausatmet". Genau dieses Gas läßt den Teig „aufgehen". Die idealen Entwicklungs- und Arbeitsbedingungen der Hefe sind außer dem geeigneten Nährboden (zu dessen Bestandteilen Zucker, nicht aber Fett gehört) Sauerstoff und mäßige Wärme.
Früher nahm man zum Backen flüssige obergärige Bierhefe, die beim Brauen so reichlich anfällt, daß die Brauereien buchstäblich nicht wissen, wohin damit.
Man kann sich durchaus, am besten mit einem großen Glas mit Schraubverschluß ausgerüstet, einmal obergärige Bierhefe in der Brauerei besorgen. Man sollte vorher aber im Lager- oder Gärkeller anrufen, um seinen Besuch anzukündigen. Der leicht bittere Geschmack der Bierhefe hält sich auch im fertigen Brot. Viele werden das ablehnen, aber stellt man sich auf diese ungewohnte Bitterkeit, die vom Hopfen herrührt, ein, wird man ein Bierhefebrot als besonders würzig und aromatisch empfinden.
Seit einiger Zeit gibt es in Reformhäusern ein biologisches Backferment, das auf der Basis von Honig und Getreide hergestellt ist. Der Vorteil: Gebäck mit Backferment bleibt länger frisch als Hefegebäck.

DER „SAUER"

Im „Sauer", der nichts anderes ist als ein stehengelassener Mehlbrei, den milchsäurebildende Bakterien als „gegoren" erscheinen lassen, bildet sich – wie beim Abbau der Hefen – als Stoffwechselprodukt, diesmal der Bakterien, Kohlendioxid. Die Bakterien lieben Wärme, und sie brauchen Zeit. Daher kommt es beim Sauerteig, wenn er sein typisches Aroma entwickeln soll, ganz besonders auf eine lange „Führung" an. Bäcker, die ihr Handwerk verstehen und nicht nur ihrem Profit nachjagen, führen den Sauer in drei Stufen: Das sogenannte Anstellgut aus Roggenmehl und Wasser bleibt etwa acht Stunden relativ kühl stehen (bei dieser Temperatur entwickeln sich zunächst einmal die Hefen), dann wird ihm Wasser und wiederum Roggenmehl beigemengt: So entsteht der „Grundsauer", der wieder bei nicht zu starker Wärme acht Stunden sich selbst überlassen bleibt. Die dritte Stufe, der „Vollsauer", verlangt größere

Wärme, damit sich die Milchsäurebakterien richtig entfalten können. Es leuchtet ein, daß ein erfolgreiches Arbeiten mit Sauerteig schwieriger ist als der Umgang mit reinem Hefeteig, da zwei verschiedene Organismen (die Hefen und die Bakterien) mit abweichenden Wachstumsbedingungen einem gemeinsamen Ziel zugeführt werden müssen.
Um so erstaunlicher ist es zu sehen, wie wenig Umstände Bäuerinnen mit ihren Sauerteigen machen. Seit Jahrhunderten wiederholt sich im allgemeinen folgender Vorgang: An jedem Backtag wird ein Stück des fertigen Teiges – meist in der Größe eines kleinen Brotlaibes – aufgehoben. Manche vergraben diesen Teigklumpen im Mehl bis zum nächsten Backen, manche legen ihn in eine Schüssel, die sie zugedeckt in den trockenen Keller stellen, manche frieren ihn heute ein und tauen ihn einen Tag vor dem Gebrauch wieder auf. In manchen Gegenden verschmierte man einen Teigrest an den Wänden des Backtrogs, ließ ihn (in der Sonne) antrocknen, kratzte ihn dann ab und hob die dabei entstandenen Splitter in einem Leinensäckchen auf oder man ließ den Teig gleich im Trog. Ob in dieser oder jener Form aufbewahrt – am Tag vor dem Backtag wird der Restteig in warmem Wasser aufgelöst, bis keine Klumpen mehr zu spüren sind (man arbeitet meist mit der Hand).

Das Kneten

Hat man die Zutaten, die alle die Temperatur der Backstube oder Küche haben sollen, gemischt, kommt ein Vorgang, vor dem alle Bäuerinnen großen Respekt haben: das Teigkneten, das aber nur anstrengend und zeitraubend ist, wenn, wie auf dem Land üblich, große Mengen Brot gebacken werden. Selbst wenn man keine Küchenmaschine mit Knethaken hat, wird man sich als Hobbybäcker nicht überanstrengen, da man ja allenfalls ein oder zwei Kilo Mehl verarbeitet, und nicht etwa einen Zentner. Beim Kneten bzw. beim Vermengen der Zutaten bildet sich nun der Teig. Die Hälfte des Wassers wird dabei an das Mehleiweiß gebunden, ein Viertel an die Stärke und andere Bestandteile des Mehls, der Rest bleibt lose in die Teigstruktur eingeschlossen. Im Wasser quellen Stärke, Klebereiweiß und Schleimstoffe. Roggenteig ist fertig, wenn die festen Bestandteile gequollen sind und das Wasser vollkommen gebunden ist. Anders beim Teig aus Weizenmehl: Hier bildet der Kleber erst nach der Quellung beim Weiterkneten das nötige Gerüst, das bei der Teigreifung das Kohlendioxid festhält.

Der Backvorgang

Wir betrachten es als Selbstverständlichkeit, daß wir das Stück Teig (den „Teigling“ nennt es der Fachmann), das wir ins Backrohr schieben, als Gebäck wieder herausholen. Grob gesagt, ist für uns das Endprodukt bei relativ hohen Temperaturen getrockneter Teig. Der Lebensmittelchemiker jedoch weiß, daß der Backvorgang eine Abfolge vielfältiger biologischer und chemischer Prozesse ist, die alle gemeinsam für Konsistenz, Aroma und einen Teil der Inhaltsstoffe verantwortlich sind. Verfolgen wir einmal die wichtigsten Etappen dieses Vorgangs: Der „Teigling“ erwärmt sich im heißen Rohr allmählich von außen nach innen. Bei 30° C tritt eine verstärkte Gärung auf, bei 40° C beginnt die Mehlstärke zu verkleistern, bei 50° sterben die Säurebakterien ab, bei 60° die Hefen. Zwischen 50° und 60° hat man einen besonders lebhaften Abbau durch Enzyme festgestellt. Dabei werden von den Amylasen (= stärkeabbauenden Enzymen) Zuckerstoffe und Dextrine freigesetzt, die im fertigen Brot erhalten bleiben. (Je länger ein Brot bei solch relativ niedrigen Temperaturen bäckt, desto mehr dieser Zuckerstoffe werden frei; darauf beruht der süßliche Geschmack von Pumpernickel.)

Zwischen 60° und 70° gerinnt aber auch das Eiweiß, das heißt, jetzt vollzieht sich die eigentliche Krumenbildung. Bei 70° beginnt der Gärungsalkohol zu verdunsten. 80° C: Die Enzymtätigkeit geht zu Ende, die Amylasen stellen die Zuckerproduktion ein, alle ausgekeimten Bakterien sind nun abgetötet. Bei 90° C ist die Stärke restlos verkleistert.

Inzwischen hat sich eine geschlossene Kruste gebildet, so daß der Wasserdampf, der bei 100° C im Innern des Gebäcks entsteht, nicht mehr entweichen kann. Aus diesem Grund wird die Krume während des Backvorgangs nicht heißer als 100° (das ist bekanntlich der Siedepunkt des Wassers), bleibt deshalb weich und trocknet nicht so stark aus wie die Kruste. 100° bis 120°: Es bilden sich gelbe Krustenfarbstoffe infolge der Dextrinauftrocknung. 130°: Braune Krustenfarbstoffe entwikkeln sich durch die Karamelisierung des Zuckers. Zwischen 150° und 200° entstehen dunkelbraune Röstprodukte. An dieser Stelle müssen wir noch einmal an den Anfang zurückkehren. Wer einen Blick in die für das Bäckerhandwerk bestimmten Rezepte wirft, stellt fest, daß manche Gebäckarten zu Anfang mit „Schwaden“ (Wasserdampf) gebacken werden, beispielsweise die Semmeln. Der Wasserdampf hat nämlich die Wirkung, daß das Brot nicht zu früh verkrustet. So können Gärungsgase und (bei Hefebrot) Alkohol entweichen, und der „Teigling“ kann sich in der Ofenwärme noch um einiges ausdehnen. Das Volumen wird also bei „Dampfgebackenem“ stärker zunehmen. Die Bäuerinnen reiben die Laibe vor dem Einschießen mit warmem Wasser ab, manchmal wird auch ein nasser Lappen zu den Broten in den Backofen gelegt.

Das Brotaroma

Die Aromastoffe des Brotes – sehr flüchtige Stoffe, mehr durch die Nase als von der Zunge wahrzunehmen – stammen zum einen aus dem Teig. Alle Teige, die biologisch gelockert sind (also mit Hefe oder Sauerteig), haben ihr ganz charakteristisches Aroma. Die Hefe- und Sauerteigbakterien verzehren die Zuckerstoffe im Teig und bilden von einem bestimmten Wachstum an Kohlendioxid, Alkohol (Hefe) oder Säure (Sauerteig). Durch komplizierte chemische Reaktionen entstehen aber noch andere Stoffe, die Duft und Aroma ausmachen: die Aldehyde, Ketone und (sich aus Säuren und Alkohol bildende) Ester. Je mehr Zeit ein Teig zum Reifen hat, desto intensiver verläuft die Entwicklung dieser Stoffe. Eine lange Teigführung ist übrigens eines der – offenen – Geheimnisse traditioneller französischer Baguette-Bäcker. Leider haben sich selbst in Paris viele Bäcker von dieser Sitte abgewandt.

Im Holzofen gebackenes Brot hat übrigens noch ein spezifisches Aroma, das auf Teerstoffe aus dem Holzbrand zurückgeht, die bei der Verbrennung entstehen, im Mauerwerk des Ofengewölbes kondensieren und während des Backvorgangs auf das Brot übergehen.

Brotgewürze

Die – in den meisten Gegenden üblichen – Brotgewürze hatten ursprünglich weniger die Funktion, Geschmack und Bekömmlichkeit des Brotes zu erhöhen: Sie hatten apotropäische Bedeutung, sollten böse Geister vertreiben.
Das einzige so gut wie überall verwendete Brotgewürz ist Salz. Nur in der Toskana schätzt man es gar nicht: „A noi non piace" („wir mögen es nicht"), begründen ihre Bewohner diese Abneigung schlicht und können sich, wenn es sie in eine andere Landschaft verschlägt, ihr Leben lang nicht an das gesalzene Brot gewöhnen. Das übrige Brotgewürz – nicht nur als Geschmacksabrundung, sondern wegen seiner digestiven Wirkung geschätzt, von vielen aber auch abgelehnt, weil es den „reinen Brotgeschmack" verderbe – findet vor allem als Zusatz bei Roggen- und Mischbrot Verwendung. Das erklärt sein häufiges Auftreten im deutschen Sprachraum einschließlich der ehemals deutschen Ostgebiete. Nur Mittel- und Norddeutschland gehen sparsam mit diesen Gewürzen um oder verzichten ganz auf sie.
Am weitesten verbreitet ist der Kümmel, dann folgen Fenchel, Anis, Koriander, Dillsamen, Piment. Vereinzelt findet man auch Kardamom, Zimt, Nelken oder Muskat und schließlich den „Brotklee". Eine bestimmte Verteilung dieser Gewürze auf einzelne Brottypen ist im großen ganzen nicht zu erkennen. Nur in der Südsteiermark, erinnerte sich eine Bäuerin, habe man früher helles Brot mit Kümmel, dunkles mit Fenchel gewürzt.

ANIS (Pimpinella anisum)

Doldenblütler. Seine Heimat ist vermutlich das östliche Mittelmeergebiet oder Kleinasien. Schon im Altertum kannte man Anis als Arznei- und Gewürzpflanze. Sie kommt heute in ganz Mitteleuropa, aber auch in Ostasien und Mittelamerika kultiviert wie verwildert vor. Die Samen dienen als Gewürz für Honig- und Pfefferkuchen, als Brotgewürz werden bzw. wurden sie vorwiegend in Süddeutschland, Österreich, Südtirol, Ost- und Westpreußen verwendet.

BLAUER BOCKSHORNKLEE (Trigonella coerulea)

Volkstümliche Bezeichnung: Schabziegerklee, Brotklee. Schmetterlingsblütler. Er kommt im Mittelmeergebiet und in Südosteuropa vor. In Deutschland wird er stellenweise angebaut, man trifft ihn aber auch häufig verwildert an. Das getrocknete, gemahlene Kraut dient als Gewürz für Schabzieger (grünen Kräuterkäse). In Süd- und Nordtirol wird die ganze Pflanze getrocknet und ohne Stengel gerebelt als Brotgewürz verwendet, in Oberbayern werden die reifen Früchte abgeschnitten und die Samen in den Brotteig gemengt. Der Geruch erinnert an Liebstöckel (Maggipflanze).

DILL (Anethum graveolens)

Doldenblütler. Der aus dem Orient stammende Dill ist eine Heil- und Gewürzpflanze, die schon im alten Ägypten, in Palästina, Griechenland und Rom verwendet wurde. Vermutlich die Römer brachten ihn nach Mitteleuropa. Als Gewürz dienen sowohl das frische Kraut, das geschnitten wird, wenn es etwa dreißig Zentimeter hoch ist, als auch der Samen, der geschmacklich dem des Kümmelsamens ähnlich ist. In Ost- und Westpreußen streute man Dillsamen auf das Brot.

FENCHEL (Foeniculum vulgare)

Doldenblütler. Der schon im Altertum als Gewürz- und Heilpflanze bekannte Fenchel wurde durch Mönche im Norden heimisch gemacht. Seine Heimat sind Kleinasien und das Mittelmeergebiet. Heute wird er in der Sowjetunion, verschiedenen osteuropäischen Staaten, Italien und Deutschland feldmäßig angebaut. Die Früchte sind stark aromatisch. Die Samen entwickeln sich sehr langsam. Die reifen Dolden werden mit der Hand geschnitten, die Früchte mit einem eisernen Kamm abgestreift. Der so gewonnene „Kammfenchel" (auch „Traumfenchel") ist der beste. Die als letzte gereiften Früchte werden mit der ganzen Pflanze geerntet, die Samen ausgedroschen; dieser „Strohfenchel" hat einen geringeren Handelswert als der

Kardamom
Gewürznelke
Mohn
Zimt
Anis
Bockshornklee
Dill
Koriander
Fenchel
Piment
Sesam
Muskat
Kümmel

„Kammfenchel". Zum Würzen kann man das grüne Kraut verwenden, die Samen dienen als Tee und als Gewürz für Backwerk. Als Brotgewürz ist der Fenchelsamen vor allem in Österreich und Süddeutschland beliebt, nicht aber in Südwestdeutschland.

GEWÜRZNELKE (Syzygium aromaticum)

Myrtengewächs. Beheimatet ist die Gewürznelke auf den Molukken und den südlichen Philippinen, kultiviert wird sie unter anderem in Madagaskar, Sansibar, an der ostafrikanischen Küste und auf den Molukken. Die Blütenknospen werden kurz vor dem Aufblühen gesammelt und getrocknet. Sie spielen in der Likörherstellung sowie Parfümerie eine Rolle und nicht zuletzt als Küchengewürz (Nelken gehören zu den ältesten Gewürzen). Selten werden sie (gemahlen) dem Brot zugesetzt, und dann am ehesten – wie der Zimt –, wenn der Brotteig mit getrockneten Birnen verbacken wurde (Oberbayern).

KARDAMOM (Elettaria cardamomum)

Ingwergewächs. Die Heimat des Kardamoms ist das südwestliche Vorderasien. Er wird heute auch in anderen Tropengebieten kultiviert, vor allem auf Ceylon und Java. Da die Aromastoffe nur in den Samen enthalten sind, werden ausschließlich diese zu dem im Handel erhältlichen Pulver verarbeitet. Kardamom ist ein feines Küchengewürz, als Brotgewürz taucht es vereinzelt auf (so im Egerland im Nordwesten der heutigen Tschechoslowakei).

KORIANDER (Coriandrum sativum)

Volkstümliche Bezeichnungen: Wanzendill, Klanner. Doldenblütler. Der Koriander stammt ursprünglich wohl aus dem östlichen Mittelmeergebiet, Kleinasien oder Nordafrika. Nach Mitteleuropa haben ihn vermutlich die Römer gebracht. Feld- oder gartenmäßig wird Koriander heute in fast allen europäischen Ländern angebaut, vor allem aber im Mittelmeerraum, in Nord- und Südamerika. Die kugelförmigen Früchte werden ganz oder gemahlen vielseitig als Gewürz verwendet, für Brot überwiegend im bayerischen Raum („Brotkügerl").

KÜMMEL (Carum carvi)

Doldenblütler. In den südöstlichen Mittelmeerländern beheimatet, ist er heute kultiviert und verwildert in ganz Europa anzutreffen. Großflächig angebaut wird er vor allem in Holland. Die Früchte sind ein vielseitig verwendbares Küchengewürz. Sie sind auch das am weitesten verbreitete Brotgewürz; in dieser Verwendung trifft man den Kümmel im ganzen süddeutschen Raum an, in Österreich, früher auch in Ost- und Westpreußen, im Sudetenland und in Schlesien. Das aus den Früchten gewonnene Öl findet in der Heilkunde Verwendung.

MOHN (Papaver somniferum)

Kreuzblütler. Seine Heimat ist wahrscheinlich Vorderasien. Angebaut wird er hauptsächlich in Mitteleuropa, Kleinasien, Vorderindien und Mazedonien. Der aus den unreifen Kapseln gewonnene Milchsaft liefert den Stoff für die Opiumgewinnung. Die Samen werden in der Bäckerei verwendet, doch sind sie als Brotgewürz nur vereinzelt anzutreffen, so in der Fränkischen Schweiz, wo die Mohnkörner auf die Brotlaibe gestreut werden.

MUSKATNUSS (Myristica fragrans)

Muskatnußgewächs. Die Muskatnußgewächse sind in den feuchtwarmen Tropengebieten zu Hause. Ursprünglich in Indonesien anzutreffen, werden sie heute auf den Molukken, in Westindien und Südafrika kultiviert. Als Gewürz dienen die Samenkerne (die „Muskatnüsse"). Die besten sind die Banda-Muskatnüsse, gut zu bewerten sind auch die Penang- und Singapore-Muskatnüsse. Die geriebene, pulverisierte Muskatnuß ist ein vielseitig einsetzbares Gewürz. Als Brotgewürz spielt sie eine untergeordnete Rolle: Zusammen mit Zimt tritt sie als solches vereinzelt im Oberbayerischen auf.

PIMENT (Pimenta officinalis)

Volkstümliche Bezeichnungen: Nelkenpfeffer, Neugewürz, Englisches Gewürz, runde Kardamomen.
Myrtengewächs. Die Heimat des Piment ist Zentralamerika, er

wird heute aber auch in Jamaika, Ostindien, Thailand, Vietnam und Indonesien angebaut. Die völlig ausgereiften Früchte sind als Gewürz wertlos, da sie sehr rasch ihr Aroma verlieren. Daher werden die Früchte gesammelt, wenn sie ausgewachsen, aber noch grün sind. Sie werden dann an der Sonne oder bei künstlicher Wärme getrocknet. Piment ist, ganz oder gemahlen, ein vielseitig verwendbares Küchengewürz, vor allem für Wurst, aber auch für Marinaden und Backwaren. Seine Verwendung als Brotgewürz scheint sich jedoch auf den oberbayerischen Raum zu beschränken.

ZIMT (Cinnamomum ceylanicum)

Ceylon-Zimt, echter Zimt, volkstümlich auch: Kaneel. Die Heimat des Zimts ist die Insel Ceylon, wo er als immergrüner Baum wild vorkommt. Kultiviert wird er in Ceylon, Java und in Brasilien. Als Gewürz dienen die dicht ineinandergeschobenen Rindenröhren, die splittrig brechen. Mit Zimt würzt man hauptsächlich Süßspeisen, vereinzelt Brot, vor allem „Kletzenbrot" (Brot mit getrockneten Birnen) in Oberbayern.

SESAM (Sesamum indicum)

Sesamgewächs. Seine Heimat ist vermutlich das tropische Afrika. Kultiviert wird er vor allem in Westafrika, in Ägypten, Kleinasien, China, Japan, Ostindien. Die Samen sind stark ölhaltig. Sie sind vor allem im östlichen Mittelmeerraum als Brotgewürz beliebt.

Die Aufbewahrung des Brotes

Für die Bauern, die nur alle vier Wochen oder gar, wie das in Südtirol zum Teil noch heute geschieht, nur alle drei Monate backen, ist es natürlich besonders wichtig, einen geeigneten Aufbewahrungsort zu haben. Eine Speisekammer, gut zu belüften und trocken, ist dafür ideal. Viele heben das Brot auch in einem trockenen Kellerraum auf. Im Brotgestell, in dem die Brote hochkant nebeneinander stehen, halten sie sich wochenlang, ohne auszutrocknen. Die flachen Fladenbrote freilich, die die Südtiroler aufrecht in eine Brothenke („Huchte") stellen, sind relativ schnell hart. Das nimmt man aber hin. Mit einem Brotgrambel zerbrochen, werden die Stücke, wie schon an anderer Stelle erwähnt, in Suppe, Kaffee oder Milch aufgeweicht und schmekken dann auch wieder gut. Eine etwas ausgefallene Aufbewahrungsart lernte ich durch eine Familie aus dem Donauschwäbischen (der Batschka) kennen: Während der angeschnittene Laib samt Brotmesser in die Küchentischlade gesteckt wurde, lagerten die übrigen Brote entweder in der „Speis" oder – auf einem sauberen Tuch – unter dem Bett in der „Paradestube" (dem Gästezimmer), das eigentlich nur die Hausfrau (auf keinen Fall Kinder) betreten durfte. Gelegentlich hielt man, wie im Münsterland, den Brotvorrat auch im Backhaus.

Nun verfügt man in der Stadt über kein Backhaus, oft genug fehlt sogar eine Speisekammer, und mit geeigneten Kellerräumen sind wir im allgemeinen auch nicht gesegnet. Da man in der Regel keine großen Mengen aufzuheben hat, kann man zum Beispiel ein geräumiges Ton- oder Steinzeuggefäß benutzen, das man mit einem Tuch bedeckt. Sehr empfehlenswert sind auch die in Spezialgeschäften erhältlichen Brottöpfe: Sie bestehen in der Regel aus Keramik und sind mit „Atemlöchern" versehen. Völlig ungeeignet sind luftdicht schließende Brotbüchsen. Die vom Brot abgegebene Feuchtigkeit kann schnell zu Schimmelbildung führen. Auf jeden Fall aber leidet das Brotaroma, das unter Luftabschluß regelrecht erstickt. Der Kühlschrank ist ebenfalls ein schlechter Platz, da das Brot hier zu rasch austrocknet. Eine gute Lösung ist das Einfrieren, das übrigens heute auch viele Bauern praktizieren. Bei einer Temperatur von –7° kann man Brot, sofern es ganz frisch (möglichst noch warm) eingefroren ist, gut konservieren, wenn auch der Alterungsprozeß, also die molekulare Veränderung des Stärkekleisters, dadurch nicht ganz aufzuhalten ist. Man kann nicht mehr ganz frisches Brot ohne weiteres noch einmal im Rohr aufbacken (etwa 5 Minuten bei 200° gleichmäßiger Ober- und Unterhitze). Wenn es vorher nicht schon zu stark ausgetrocknet war, ist es von einem gerade erst gebackenen Brot kaum zu unterscheiden (vorausgesetzt, es war noch nicht angeschnitten; aber selbst dann ist diese Methode sehr zu empfehlen).

Der Herd

Den Holzofen, in dem das Brot mit reiner Speicherhitze bäckt, darf man als schlechthin ideal bezeichnen. Die Teerstoffe aus dem Holzbrand und die stetig fallende Temperaturkurve sind für das typische Holzofenbrot-Aroma verantwortlich. Wer genügend Platz im Garten und verständnisvolle Nachbarn hat – gleich nach dem Anheizen qualmt es natürlich ein bißchen –, kann sich nach nebenstehender Konstruktionsskizze einen eigenen Holzofen bauen. Das Modell steht im Europäischen Brotmuseum in Mollenfelde bei Göttingen und stammt aus dem 17. Jahrhundert. Inzwischen backen auch schon viele Bauern in einem Elektro-Brotofen. Es gibt Elektro-Brotöfen, die die Temperaturkurve des Holzofens imitieren. Eine Bäuerin im Stubaital (Nordtirol) berichtet, sie fülle den Etagenofen (er faßt auf jeder Etage vier Laibe), lasse die Brote bei 350°C Unter- und Oberhitze zehn Minuten backen, schalte dann die Unterhitze, nach weiteren zehn Minuten die Oberhitze aus. Von nun an kann das Brot fast beliebig lange im Ofen bleiben. Verbrennen kann es ja nicht, da die Temperatur beständig fällt. Nach fünfundvierzig Minuten sind die Laibe jedoch gar.

Die meisten von uns müssen sich wohl oder übel mit normalen Elektro-Küchenherden begnügen. Standardausführungen solcher Herde sind meist relativ sparsam isoliert, so daß sie viel Wärme nach draußen abgeben. Der Backraum sollte auf keinen Fall kalt sein (schon deshalb nicht, weil der Teig ja gut aufgehen soll). Eine andere Schwäche haben Herde mit einem einseitig angebrachten Griff. Durch den einseitigen Zug verzieht sich mit der Zeit die Tür des Bratrohrs und klafft auf der einen Seite. Das kann man etwas korrigieren, indem man die Tür vorsichtig ein wenig in die Gegenrichtung verzieht. Sonst hilft nur eines: einen Stuhl fest an die Tür schieben, denn diese muß auf jeden Fall dicht schließen. Wenn es auf einer Seite ein wenig „zieht", kann sich das schon ungünstig auf den Backvorgang auswirken. Ein fast allen gemeinsames Übel der modernen Küchenherde ist, daß sie überhaupt nicht für hohe Temperaturen angelegt sind. Wer hat bisher schon Brot gebacken? Und für Plätzchen reichen 200°C allemal aus. Auf einen reinen Sauerteiglaib wird man wohl oder übel verzichten müssen, wenn man einen Herd hat, der noch nicht einmal 250°C

Pläne und Anleitung zum Bau eines Backofens

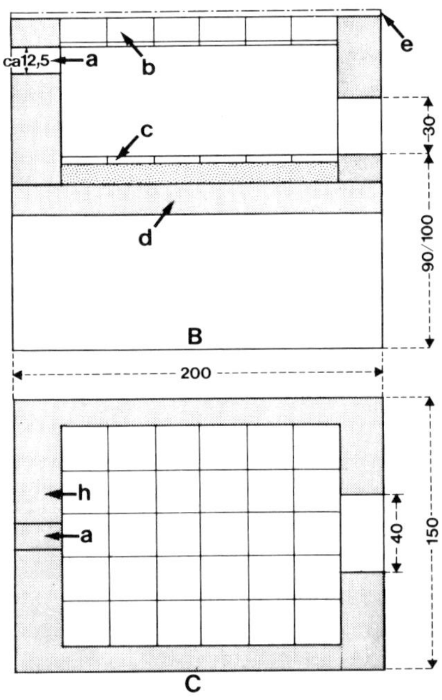

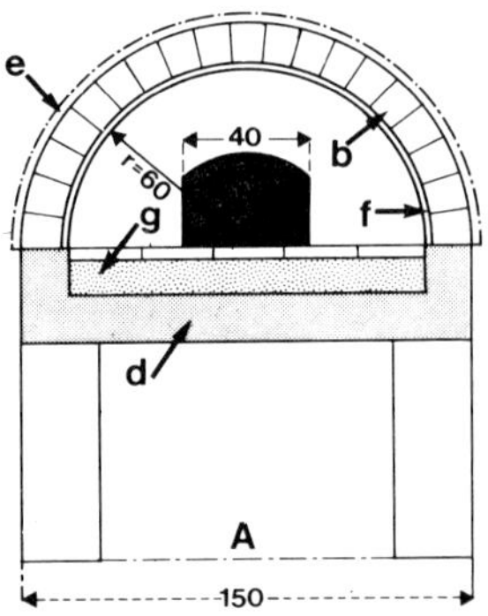

Maß 1:20

A Vorderansicht
B Seitenansicht
C Grundriß
a Abzug
b Radialsteine
c Chamotteplatten
d Beton
e Wärmeschutz (Asbest etc.)
f Chamotteverputz
g Sandfüllung
h Chamottemauerwerk

entwickelt, denn hier ist eine ziemlich hohe Anfangstemperatur unbedingt nötig (mindestens 300°C). Aber in diesem Fall kann man es auch mit einem Fladen probieren.

Alle Hausfrauen machen etwa beim Plätzchenbacken die Erfahrung, daß die erste „Ladung" nicht so gut ausfällt wie die folgenden. Es empfiehlt sich daher, auch vor dem Brot irgend etwas anderes ins Rohr zu schieben. Immer aber sollte das Rohr mindestens eine Viertelstunde vor dem Einschießen angeheizt werden. Brote mit langer Backdauer setzt man mit dem Backblech auf die unterste Schiebeleiste, Kleingebäck auf die mittlere, Knäckebrot auf die obere.

Wichtige Regeln und Tips

Alle Zutaten und alle zum Backen nötigen Gefäße und Geräte sollen vorgewärmt sein. Die Backstube muß ebenfalls warm sein.

Das Mehl wird gesiebt. Gesiebtes Mehl enthält viel Luft, und Luft beschleunigt den Gärvorgang.

Teig aus Weizenmehl wird temperamentvoll geknetet, bis er nicht mehr klebt, damit der Kleber seine stützende Struktur aufbauen kann. Teig aus Roggenmehl dagegen wird langsam und sorgfältig durchgearbeitet, damit sich der Zuguß gleichmäßig mit dem Mehl vermischt und der Quellvorgang der Schleimstoffe und der Stärke zufriedenstellend verläuft. Im Gegensatz zum Weizenteig hat Roggenteig den Charakter einer geschmeidigen Paste.

Bei der Teigbereitung empfiehlt es sich grundsätzlich, zunächst nur etwa Dreiviertel der Mehlmenge mit dem gesamten Zuguß zu vermengen. So lassen sich die Zutaten besser mischen. Erst wenn der Teig eine glatte Konsistenz hat, gibt man den Rest des Mehls hinzu.

Der Teig, ob mit Hefe oder Sauerteig gemacht, sollte immer reichlich Zeit zum „Gehen" haben, damit er reifen kann, an Volumen zunimmt und reichlich Aromastoffe bildet.

Das Backrohr wird mindestens eine Viertelstunde vor dem Einschießen auf die gewünschte Temperatur gebracht.

Man sollte auf keinen Fall neugierig sein und schon nach fünf Minuten nachschauen, was sich im Rohr tut. Jedes Öffnen des Backrohrs bedeutet einen drastischen Temperaturabfall, der den Backvorgang ungünstig beeinflussen kann.

Man fange als Neuling nicht bei den schwierigen Rezepten an, auch wenn man Roggensauerteigbrot noch so gern mag. Hefebrot aus Weizenmehl ist am einfachsten herzustellen (auch Backpulverbrot im Kasten) – deshalb stehen die einschlägigen Rezepte in diesem Buch am Anfang.

Für das Ansetzen von Sauerteig oder Hefe-Vorteig eignet sich am besten ein Tongefäß oder ein Weckglas. Das letztere hat den Vorteil, daß es einen gut schließenden Deckel hat, und man kann den Gärvorgang durch das Glas beobachten.

Falls ein Brotteig, der nur mit Sauerteig gemacht ist, durchaus nicht gehen will, kann man noch etwas zerbröckelte Hefe daruntermengen. Zu diesem Trick haben manchmal auch die Landfrauen gegriffen.

Man sollte sich durch kleine Brotfehler nicht irritieren lassen. Eine aufgeplatzte Seitenrinde zum Beispiel braucht weder auf den Geschmack noch auf die Konsistenz einen spürbar negativen Einfluß zu haben. (Umgekehrt ist ein perfektes, attrappenhaftes Aussehen, wie es manche Bäcker- und Fabrikbrote aufweisen, noch keine Garantie für ein wirklich gutes Brot!) Nachteilige Brotfehler gibt es natürlich auch, etwa eine nasse Krume bei reinem Roggenbrot. Dann hatte der Teig möglicherweise zu wenig gesäuert, aber vor allem dürfte dafür das Mehl verantwortlich sein. Gerade Roggenmehl kann (abhängig von Wachstumsbedingungen, Ernte und Lagerung) schlechte Backeigenschaften haben. Deshalb ist es am klügsten, Roggenmehl, wenn möglich, bei einem Bäcker zu kaufen, der selbst kein schlechtes Brot bäckt.

Der schlimmste Brotfehler ist das „Sitzenbleiben": Man kann ihn verhindern, indem man grundsätzlich keinen „Teigling" in den Ofen schiebt, der vorher nicht aufgegangen ist (mit Ausnahme des mit Backpulver gebackenen Kastenbrots, dessen Teig erst in der Hitze treibt).

Teig ist eine mehr oder weniger klebrige Angelegenheit, die bei manchem Hausbäcker eine (unnötige) Scheu vor dem Kneten hervorrufen wird. Hat man keinen elektrisch betriebenen Knethaken, schlägt oder rührt man den Teig mit dem Kochlöffel zunächst in der Schüssel so lange, bis sich seine Konsistenz etwas verfestigt hat, hebt ihn dann auf eine bemehlte Arbeitsplatte (ein Nudelbrett oder einfach die Tischplatte), bestreut ihn etwas mit Mehl und fängt an zu kneten, indem man a) Ballen oder Knöchel in den Teig gräbt, b) den Teig von Zeit zu Zeit wendet. Diese beiden Phasen wechseln miteinander ab, bis der Teig elastisch genug ist. Das ist daran zu erkennen, daß er (auch im Inneren) nicht mehr klebt: ein Daumeneindruck schließt sich sofort wieder.

Man bearbeitet den Teig (wenn er nicht mit der Küchenmaschine geknetet wird) immer auf einer bemehlten Unterlage. Praktisch ist ein Geschirrtuch, das man mit Mehl bestäubt (nachher abschütteln), und der Arbeitsplatz ist (fast) sauber.

Manche Brotsorten werden beim Bäcker mit „Schwaden“ geschoben. Das heißt, die Teiglinge werden zunächst unter Dampfeinwirkung angebacken, damit sie besser aufgehen. Im Haushalt kann man sich behelfen, indem man eine Schale Wasser ins vorgeheizte Backrohr stellt oder eine Kelle Wasser auf den Backrohrboden gießt (vorsichtig wegen der plötzlichen Dampfentwicklung!), wenn das Brot oder die Semmeln eingeschossen sind. Noch besser ist es, ein rechteckiges Backblech mit den geformten Teiglingen auf einen Topf mit kochendem Wasser zu stellen und mit einem Tuch abzudecken. Das Blech darf den Topf nicht ganz bedecken, damit der Dampf entweichen kann. Nach etwa fünf Minuten schiebt man das Blech ins vorgeheizte Backrohr. Die Teiglinge dürfen auf keinen Fall zu hoch aufgehen oder unter der Dampfeinwirkung zerfließen.

Jedes Brot kann man als „Korbbrot“ backen. Brotkörbe aus Bast oder Reet sind in einigen Landschaften traditionell üblich. Sie haben den Vorteil, daß man den Teig nicht zu fest zu machen braucht. Leichte Teige laufen ohne Korb gern davon. Unter Fachleuten gilt aber der Grundsatz: Ein guter Teig ist ein leichter Teig!

Man legt die geformten Teiglinge in die mit Mehl ausgestreuten Körbe, läßt sie (bemehlt und mit einem Tuch bedeckt) im Warmen gehen, bis sie deutlich an Volumen zugenommen haben, stürzt sie dann auf das bemehlte, vorgewärmte Backblech, streicht sie mit lauwarmem Wasser ab und schiebt sie sofort ins vorgeheizte Backrohr. Das Muster des Korbes zeichnet sich auf dem gebackenen Brot ab. Ein Rezept für ein Korbbrot steht auf Seite 50.

Anmerkungen zu den Rezepten

Die Originalrezepte sind fast ausschließlich für große Mengen bestimmt. Ein Zentner verbackenes Mehl ist keine Seltenheit. Die Quanten wurden in diesem Buch dem Bedarf einer Durchschnittsfamilie und dem Fassungsvermögen eines normalen Elektro-Backrohrs entsprechend reduziert. Dabei war es nicht zu vermeiden, daß sich das Verhältnis der Zutaten untereinander verschiedentlich veränderte. Sparsam verwendete Gewürze z. B. würden bei korrekter Umrechnung mitunter gar nicht mehr in Erscheinung treten. Dasselbe gilt für die Hefe.

Bei dem in den Rezepten erwähnten Restteig handelt es sich, wie der Name sagt, um einen Teigrest vom letzten Backen. Beabsichtigt man, in absehbarer Zeit wieder mit Sauerteig zu backen, nimmt man vom fertigen Teig vor dem Formen des Brotes etwa 100 g ab und friert diesen Rest ein. Zwei Tage vor dem Backen taut man ihn auf, verdünnt ihn mit etwas warmem Wasser, rührt ein wenig Mehl dazu und stellt diesen dickflüssigen Brei zugedeckt warm, damit die Gärung erneut einsetzen kann.

Das Verhältnis der Zutaten ist ungefähr wie folgt: Weizenmehl verhält sich zu Wasser wie zwei zu eineinhalb, Roggenmehl wie eins zu eins, mit der Einschränkung, daß gröberes Mehl mehr Wasser schluckt als feines. Die Menge des „Zugusses“ richtet sich auch nach dem Feuchtigkeitsgehalt des Mehls. Die Salzmenge beträgt im Schnitt 2 % der Mehlmenge, also bei 1 kg Mehl 20 g, das sind etwa vier gestrichene Teelöffel voll. Ein Würfel Preßhefe reicht für ½ kg Mehl.

Die angegebenen Backzeiten und -temperaturen sollen nur als ungefähre Richtlinien dienen. Eine allgemeine Verbindlichkeit dieser Angaben ist deshalb ausgeschlossen, weil Elektroherde sehr unterschiedliche Temperaturen entwickeln und die Temperaturangaben oft nicht zuverlässig sind. Selbst die Brotöfen in Bäckereien sind davon nicht ausgenommen.

Weizenbrote mit Backpulver und Hefe

KASTENWEISSBROTE

Kastenweißbrot, vor allem solches mit Backpulver als Lockerungsmittel, spielt im bäuerlichen Bereich so gut wie keine Rolle. In vielen (vor allem angelsächsischen) Ländern ist jedoch im Stadthaushalt das selbstgebackene Toastbrot sehr beliebt. Die weltweite „Eigenbrötelei"-Welle der jüngsten Zeit hat auch eine Reihe von Fertigbackmischungen für Kastenbrote auf den Markt gespült. Man kann sie aber ohne viel Zeitaufwand, auch als „unbedarfter" Brotbäcker, erfolgreich nach herkömmlicher Art herstellen. Deshalb sollen sie am Anfang unserer „Brotbackschule" stehen.

Toastbrot aus England

500 g Weizenmehl, Type 405
4 gestrichene TL Backpulver
2 gestrichene TL Salz
50 g geschmolzene Margarine
¼ l Milch
⅛ l Wasser
etwas Butter oder Öl

Man siebt das Mehl mit dem Backpulver in eine Schüssel (verwendet man doppelgriffiges Mehl, entfällt das Sieben) und gibt Salz hinein. Man formt sodann eine Grube in der Mitte, in die man die Flüssigkeit und die Margarine gießt. Dann verrührt man von der Mitte zum Rand hin die Flüssigkeit mit dem Mehl, bis ein glatter Teig entstanden ist. Er soll mittelfest sein, das heißt, die Konsistenz eines Rührteigs haben. Fließt er zu stark, kann man noch etwas Mehl hineinarbeiten. Das Backrohr wird auf 200°C angeheizt, eine Kastenform (ca. 26 × 12 × 7 cm) gebuttert oder mit etwas Öl ausgepinselt, der Teig in die Form gefüllt, die aber nicht mehr als gut halb voll sein soll, damit sich der Teig auch ausdehnen kann.
Das Toastbrot wird auf der mittleren Schiebeleiste bei 200°C etwa 45 Minuten gebacken. Wenn das Brot fertig ist, wird es mit Wasser bestrichen. Das Brot sollte erst ein bis zwei Tage ablagern, bevor man es toastet.

Kastenweißbrot aus Irland White Irish Cake

500 g Weizenmehl, Type 405
4 gestrichene TL Backpulver
1 TL Salz
⅜ l Buttermilch
etwas Butter oder Öl für die Form

Man siebt das Mehl mit dem Backpulver in eine Schüssel, gibt das Salz dazu (bei der angegebenen Menge schmeckt das Brot fast ungesalzen. Wer das nicht mag, nimmt besser zwei gestrichene Teelöffel voll Salz) und verrührt diese Zutaten. In eine Grube in der Mitte gießt man die Buttermilch und verarbeitet sie nach und nach mit den trockenen Zutaten zu einem glatten Teig von der Konsistenz eines dicken Breis. Eine Kastenform wird gebuttert, der Teig hineingefüllt und das Backrohr vorgeheizt. Bei 200°C braucht das Brot etwa 40 Minuten Backzeit. Durch den von der Buttermilch herrührenden leicht säuerlichen Geschmack bekommt das Brot eine recht aparte Note. Man ißt es am besten frisch mit Butter oder Marmelade – ein echtes Frühstücksbrot.

Kastenweißbrot aus Frankreich

▷

500 g Weizenmehl,
Type 405
1 Würfel Preßhefe
etwa ⅜ l lauwarme Milch
(oder die Hälfte Milch,
die Hälfte Wasser)
1 schwach gehäufter
TL Salz
etwas Butter und Mehl

Dieses Rezept gleicht dem vorhergehenden englischen Kastenweißbrot sozusagen bis aufs Körnchen Salz. Das Verfahren ist jedoch anders und kostet, um es gleich zu sagen, auch etwas mehr Zeit. Man bereitet aus etwa 100 g Mehl, der zerbröselten Hefe und etwas Milch oder Wasser einen leichten Vorteig, den man zwei bis drei Minuten gut durchrührt. Dann fügt man das Salz zu, rührt noch einmal durch, bestreut den Vorteig mit Mehl und läßt ihn im Warmen stehen, bis die Oberfläche rissig erscheint. Die restlichen zwei Drittel des Mehls schüttet man in eine vorgewärmte Schüssel, vermengt es mit dem Vorteig und dem Rest der Flüssigkeit und knetet dann (maschinell oder von Hand) so lange, bis der Teig ganz elastisch ist. Eine von Profis gern belächelte, aber bewährte Probe ist ein schlichter Daumendruck in den Teig: Wenn sich die Grube sofort wieder schließt, ist der Teig „richtig". Eine Kastenform wird jetzt gebuttert und bemehlt, der Teig hineingelegt; er muß zugedeckt etwa eine halbe Stunde im Warmen gehen. Das Backrohr darf diesmal eine höhere Anfangstemperatur haben: Man bäckt (auf der mittleren Schiebeleiste) etwa zehn Minuten bei 250° C – wenn sich die Oberfläche schon fest anfühlt, bestreicht man sie mit etwas Milch oder warmem Wasser –, drosselt dann auf 180° und läßt das Brot noch etwa 60 Minuten im Rohr.

Dänisches Franskbrød

gut ⅜ l warme Milch
1 Würfel Preßhefe
25 g Butter oder Margarine
500 g Weizenmehl,
Type 405
1 gestrichener TL Salz
1 gestrichener TL Zucker
etwas Fett zum Auspinseln
der Formen
1 Eigelb, mit etwas Wasser
verquirlt

Man erwärmt die Milch und bröckelt die Hefe hinein, Butter oder Margarine wird zerlassen. Nun siebt man das Mehl in eine Schüssel und verrührt es mit Salz und Zucker. Wenn die Hefe an der Oberfläche der Milch schwimmt, gießt man Milch und zerlassenes Fett in eine Vertiefung im Mehl und verrührt alle Zutaten zu einem glatten, sehr leichten Teig, den man zugedeckt etwa eine halbe Stunde warm stellt. Man pinselt zwei Kastenformen mit zerlassenem Fett aus und läßt dann den Teig hineingleiten. Vor dem Einschießen läßt man den Teig etwa zehn Minuten stehen, bepinselt ihn mit verquirltem Eigelb und bäckt ihn 30 bis 35 Minuten auf der mittleren Schiebeleiste bei 220° C.

Bogača I aus Jugoslawien

Grundrezept
500 g Weizenmehl, Type 405
2 gestrichene TL Salz
1 Würfel Preßhefe
⅜ l lauwarmes Wasser

Man siebt das Mehl in eine große Schüssel und stellt es zunächst einmal warm – entweder in Herdnähe oder in das mäßig warme Backrohr (auf der kleinsten Hitzestufe). Wenn sich das Mehl durch und durch angenehm warm anfühlt, streut man das Salz darauf, bröselt die Hefe dazu (erfahrene Brösler lassen die Hefe für ein oder zwei Tage ausgepackt liegen, dann schmiert sie nicht mehr) und verrührt die trockenen Zutaten. Dann gießt man vorsichtig das Wasser zu, das heißt: Nicht alles auf einmal, denn es kann sein, daß das Mehl viel Feuchtigkeit enthält, so daß man gar nicht die ganze Wassermenge braucht. Die trockenen Zutaten werden mit dem Wasser zu einem mittelfesten Teig verrührt, den man so lange „schlägt" oder mit dem elektrischen Knethaken bearbeitet, bis er nicht mehr an der Schüssel klebt. Ein Backblech wird jetzt (nicht zu sparsam) mit Mehl bestreut, der Teig in vier Teile geteilt, jeder Teil für sich einmal durchgeknetet, auf das Blech gesetzt und mit der flachen Hand breitgedrückt. Zwischen den Teigstücken sollte jeweils ein Zwischenraum von etwa fünf Zentimetern bleiben, damit sich der Teig ungehindert ausdehnen kann. Die Teigportionen werden mit etwas Mehl bestreut, mit einem Tuch zugedeckt und für eine gute halbe Stunde sich selbst überlassen. Nach einer dreiviertel Stunde heizt man das Backrohr auf der höchsten Hitzestufe an, nach einer weiteren Viertelstunde setzt man das Blech auf die mittlere Schiebeleiste, drosselt die Hitze auf 180°C und läßt die Bogača etwa 40 Minuten backen.
In ihrem Ursprungsland wird die Bogača gern mit Čevapčiči gegessen, Würstchen aus reinem Rinderhack oder gemischtem Rinder- und Schweinehackfleisch, mit Salz und Knoblauch gewürzt. Die ausgekühlte Bogača wird wie eine Semmel durchgeschnitten, mit den gebratenen Würstchen belegt, und der ausgebratene Saft wird auf beide Brothälften geträufelt. Gegessen wird die Bogača als „Doppeldecker".

Bogača II aus Jugoslawien

½ Tasse lauwarme Milch
2 Würfel Preßhefe
1 kg Weizenmehl, Type 405
2 gestrichene TL Salz
2 EL Öl
¾ l lauwarmes Wasser

Man bröselt die Hefe in die lauwarme Milch, verrührt diese mit etwas Mehl und läßt die Hefe aufgehen. Inzwischen siebt man das Mehl auf ein Backbrett, macht eine Grube in die Mitte und verteilt das Salz gleichmäßig auf der Oberfläche. In die Vertiefung im Mehl kommen die in der Milch aufgelöste Hefe, Öl und Wasser. Alles miteinander wird mit den Händen gut vermengt, bis ein ziemlich fester Teig entstanden ist, den man etwa fünf Minuten knetet. Dann stellt man den Teig in einer Schüssel, mit Mehl bestreut und mit einem Tuch zugedeckt, für eine Stunde ins lauwarme Backrohr. Danach wird er auf ein geöltes großes Backblech gelegt, mit der Hand flachgedrückt und mit einer Gabel verziert, so daß sich ein gleichmäßiges Punktmuster ergibt. Bei gleichmäßiger Ober- und Unterhitze wird die Bogača auf der unteren Schiebeleiste des Backofens ungefähr 40 Minuten gebacken.

Weißbrot aus dem Günzkreis

1 kg Weizenmehl, Type 550 (aus dem Reformhaus)
½ Tasse warmes Wasser
2 Würfel Preßhefe
3 gestrichene TL Salz
etwa ¾ l warmes Wasser

Wie man sieht, nichts Neues, soweit es sich um die Zutaten handelt. Das Verfahren bietet jedoch eine technologische Variante. Am Vorabend wird etwa die Hälfte des Mehls in eine Schüssel gesiebt, die Hefe in einer halben Tasse warmen Wassers aufgelöst und mit einem reichlichen Viertelliter Wasser zu einem „Dampfl" verrührt, das über Nacht, mit Mehl bestreut, zugedeckt in der warmen Küche gehen muß. Am nächsten Morgen wird das Salz in der restlichen Flüssigkeit aufgelöst, die samt dem Rest des Mehls mit dem Vorteig gut vermengt wird. Der Teig sollte recht fest sein und sich gut kneten lassen. Wenn er elastisch genug ist, bestreut man ihn mit Mehl, läßt ihn zugedeckt eine halbe Stunde im Warmen gehen und formt ihn dann zu einem runden Laib, den man auf das bemehlte Backblech setzt. Diesen Laib läßt man noch einmal eine halbe Stunde aufgehen (wie immer mit etwas Mehl bestäubt und mit einem Tuch bedeckt). Gebacken wird bei 200°C auf der unteren Schiebeleiste etwa 70 Minuten.
Aus demselben Teig machte man in Wattenweiler, woher das Rezept stammt, Zwiebelplätz (S. 73) und Hutzelbrot (S. 104). Das Weißbrot wurde in den Kaffee eingebrockt.

Weißbrot aus Apulien Pane alla Foggiana

Wer in die Gegend von Foggia kommt, kann kaum das dort übliche Brot übersehen: Es hat nämlich nicht selten die Größe eines Wagenrades. Leider sind die Proportionen der häuslichen Backrohre dafür nicht geschaffen, aber wenn man sich mit deren bescheideneren Ausmaßen begnügt, wird man an dem nachstehenden Rezept auch so seinen Spaß haben. Es ist einfach und unterscheidet sich von den Zutaten her kaum vom Grundrezept Seite 24.

1 kg Weizenmehl, Type 405 (besser Type 550 aus dem Reformhaus)
2 Würfel Preßhefe
4 gestrichene TL Salz
¾ l warmes Wasser

Das Mehl wird in eine große Schüssel gesiebt, die Hefe hineingebröselt, das Salz dazugetan und nach und nach das Wasser daruntergerührt. Der Teig darf nicht zu fest sein. Das Geheimnis dieses Rezepts liegt (wie beim französischen Stangenbrot) in einer langen Teigführung und geduldiger Bearbeitung. Eilig sollte man es also nicht haben (für Ungeduldige sind Kastenweißbrot und Bogača I besser geeignet!). Also: Zunächst wird zehn Minuten maschinell geknetet (oder eine Viertelstunde mit der Hand geschlagen), dann stellt man den Teig, mit Mehl bestreut, einige Stunden zugedeckt beiseite (dafür sollte der Raum eher kühl als warm sein). So hat er Zeit, ein volles Aroma zu entwickeln. Dann bestreut man ein Backbrett mit Mehl, läßt den Teig daraufgleiten, knetet ihn zehn Minuten, formt ihn zu einem runden Laib, legt ihn, mit dem „Schluß" nach unten auf ein gut bemehltes rundes Blech und läßt ihn wieder gehen – ungefähr eine halbe Stunde. Im gut vorgeheizten Ofen (Anfangshitze etwa 300°C) bäckt das Brot bei 180°C, bis es goldbraun ist; das dauert etwa 70 bis 80 Minuten.
Ähnliches Weißbrot – stets aus Mehl, Hefe, Salz und Wasser – wird vielerorts gebacken. Bayerisches Knödelbrot zum Beispiel wird aus den gleichen Ingredienzien hergestellt.

Baguette

1 kg Weizenmehl, Type 550
2 Würfel Preßhefe
etwa 4 TL Salz
etwa ¾ l warmes Wasser

Das ganze Geheimnis der „Baguettes“ ist eine lange Teigführung, was aber nicht bedeutet, daß man wesentlich mehr Arbeitszeit investieren muß als bei anderen Broten. Der Teig wird zum Reifen einfach sich selbst überlassen. Allerdings muß er gut geknetet werden. Wer am Abend zu französischem Käse und Rotwein ein Stangenbrot aus eigener Werkstatt knuspern möchte, muß am Vormittag mit den Vorbereitungen beginnen. Man siebt das Mehl in eine Schüssel, stellt es warm, bröckelt die Hefe hinein und löst das Salz im lauwarmen Wasser auf. Ist das Mehl gut durchgewärmt, gießt man das Wasser dazu und verarbeitet alles zu einem glatten Teig, der etwa zehn Minuten geknetet wird (oder so lange, bis er sich von der Schüssel löst). Man bestäubt ihn gut mit Mehl, damit die Oberfläche nicht verkrustet, deckt ihn zu und stellt ihn für fünf bis sechs Stunden ins Warme. Dann bemehlt man die Arbeitsplatte, hebt den Teig aus der Schüssel, knetet ihn noch einmal kurz durch und teilt ihn. Aus den Teighälften formt man lange Rollen, die man mit dem Schluß nach unten auf das bemehlte Backblech hebt. Die „Teiglinge“ müssen noch einmal kurz gehen (nicht zu stark, denn es ist wichtig, daß in der Ofenhitze noch ein Nachtrieb erfolgt), werden dann mehrmals mit einem scharfen Messer schräg eingeschnitten, mit lauwarmem Wasser bestrichen und eingeschossen. Auf der mittleren Schiebeleiste wird zunächst zehn Minuten bei 250°C, dann eine halbe Stunde bei 220°C gebacken. 15 Minuten vor Beendigung der Backzeit bestreicht man die Brote noch einmal mit Wasser, damit sie glänzen. Man ißt die Stangenbrote am besten sofort, wenn sie ausgekühlt sind.

Temperaturen Manz-Ofen: –30

Seppik aus Estland

etwa ¾ l lauwarme Milch
2 Würfel Preßhefe
800 g Weizenmehl, Type 550, und
200 g Weizenbackschrot, Type 1700 (beide aus dem Reformhaus)
3 gestrichene TL Salz

Die Hefe wird zunächst in der warmen Milch aufgelöst, das Weizenmehl mit dem Backschrot in einer Schüssel gut vermischt und etwa dreiviertel der gesamten Menge in einer zweiten Schüssel mit der Milch und der darin gelösten Hefe zu einem leichten Teig verarbeitet, in den man auch das Salz mengt. Dieser Teig wird gut geschlagen, bis er Blasen „schießt“, dann mit Mehl bestreut und zugedeckt ins Warme gestellt. Wenn er etwa das doppelte Volumen hat, mengt man das restliche Mehl-Schrot-Gemisch dazu, knetet den Teig etwa zehn Minuten (auf jeden Fall darf er nicht mehr kleben!), formt zwei längliche Wecken, die man nebeneinander auf ein bemehltes Blech setzt und kurz gehen läßt.

Auf dem Rittergut, von dem dieses Rezept stammt, wurde jede Art von Brot (man machte immer verschiedene Sorten gleichzeitig) im Holzofen gebacken; als Feuerung diente Birkenholz. Im Elektro-Backrohr bäckt der Seppik eine gute Stunde auf der unteren Schiebeleiste bei 200°C. Auch ohne Holzofen-Aroma schmeckt er – vor allem mit Butter – ausgezeichnet.

Südtiroler Anisfladen von der Seiser Alm

500 g Weizenmehl,
Type 550
(aus dem Reformhaus,
notfalls Type 405)
¼ l und ⅛ l warmes Wasser
1 Würfel Preßhefe
1 TL Salz
1 mit Wasser verquirltes Ei
zum Bestreichen
1 EL Anis

Am Vorabend des Backtags siebt man das Mehl in eine Schüssel, gießt in eine Vertiefung in der Mitte einen Viertelliter des Wassers und bröckelt die Hefe hinein. Aus Wasser, Hefe und etwas Mehl macht man einen dickflüssigen Teig, der über Nacht zugedeckt gehen muß. Der Raum sollte kühl, aber nicht kalt sein. Am nächsten Morgen streut man das Salz auf das Mehl, gießt den restlichen Achtelliter Wasser zu dem Vorteig und vermengt alles zu einem festen Teig, der zehn Minuten geknetet und für zwei Stunden mit Mehl bestreut und zugedeckt warm gestellt wird. Danach teilt man ihn, knetet jeden Teil noch einmal kurz durch und formt sehr dünne Fladen von etwa 30 cm Durchmesser, die an eine Pizza erinnern. Die Fladen werden auf ein bemehltes Blech gelegt, mit dem verquirlten Ei bestrichen und mit Anis bestreut. Gebacken werden sie etwa 20 Minuten auf der mittleren Schiebeleiste bei 200° C. Sie dürfen aber nicht braun werden! Auf Grund der langen Teigführung haben sie – ähnlich wie das französische Stangenbrot – große Blasen und eine splittrige Konsistenz.
Ein ähnliches Gebäck gibt es in der Gegend um Bozen auch beim Bäcker: den sogenannten Vorschlag, der aber nicht so dünn und etwas zäh ist, wenn er nicht frisch aus dem Ofen kommt.
Seit einigen Jahren ist auch bei uns in Spezialitätengeschäften (zumindest in Süddeutschland) Südtiroler Schüttelbrot zu haben. Der Name dieses knochenharten Flachbrotes erklärt sich daher, daß der Teigling auf einem nach oben gewölbten Brettchen durch ruckartige Handdrehungen flach „geschüttelt“ wird.

Pita Türkischer Brotfladen

1 Würfel Preßhefe
500 g Weizenmehl,
Type 550
gut ¼ l lauwarmes Wasser
2 gestrichene TL Salz
4 EL Pflanzenöl

Die Hefe wird in ein wenig lauwarmem Wasser aufgelöst und gut darin verrührt. Dazu fügt man so viel von dem Mehl, daß ein dickflüssiger Teig entsteht, den man 20 Minuten warm stellt. Das übrige Mehl gibt man in eine Schüssel, den inzwischen aufgegangenen Vorteig verdünnt man mit dem Rest des (lauwarmen) Wassers und dem Salz und gießt ihn in eine Grube im Mehl. Dazu gibt man schließlich das Öl und verarbeitet alle Zutaten zu einem glatten Teig, den man mit der Hand nun kräftig knetet – je länger, desto besser. Wenn er sich elastisch anfühlt, nicht mehr an den Händen klebt und Blasen bildet, formt man ihn zu einer Kugel, bestreut diese mit Mehl und läßt den Teig etwa eine Stunde, mit einem Tuch zugedeckt, im Warmen gehen. Dann teilt man ihn in vier Teile, knetet jedes Teil noch einmal kräftig durch, formt wiederum Kugeln und läßt diese etwa zehn Minuten aufgehen. Auf einer bemehlten Tischplatte rollt man jedes Teigteil zunächst mit dem Nudelholz ein wenig aus und läßt den Teig kurz ruhen. So läßt er sich besser auf die gewünschte Dicke (½ cm) ausrollen.
Die charakteristische Teigblase des fertigen Fladens, die dann gefüllt wird, ergibt sich nur, wenn man die Pita in das sehr heiße Backrohr schiebt. Das Wichtigste: Die Pita wird mit Oberhitze gebacken. Nach dem Einschießen gießt man eine Kelle Wasser auf den Backrohrboden und schließt die Ofentür sofort. Backzeit: etwa zehn Minuten.

Hammel-Kebap Pita-Füllung

750 g Hammelfleisch (Schulter)
3 mittelgroße Zwiebeln
2 Fleischtomaten
etwa ⅜ l heißes Wasser
Salz
frisch gemahlener Pfeffer
1 gehäufter TL getrockneter Thymian oder entsprechend mehr frische Blättchen
1 EL gehackte Petersilie
5 EL Pflanzenöl

Man schneidet das Fleisch in Würfel und die Zwiebeln in grobe Stücke. Beides wird bei scharfer Hitze im Öl angebraten und bei mittlerer Hitze im zugedeckten Topf fünf Minuten geschmort. Dann gießt man das Wasser an, schmeckt mit Salz ab und läßt das Gericht eine halbe Stunde bei schwacher Hitze weiterschmoren. Nun schält man die Tomaten (dazu überbrüht man sie vorher kurz mit heißem Wasser – die Haut läßt sich dann mühelos abziehen), schneidet sie in Stücke, mischt sie unter das Fleisch und läßt dieses im zugedeckten Topf weitergaren. Man rührt ab und zu um und gießt, falls nötig, noch etwas Wasser zu; die Mischung sollte allerdings nicht zu flüssig werden. Zum Schluß mischt man die gehackte Petersilie und den Thymian unter das Fleisch und schmeckt mit Pfeffer ab.

Sesam-Pita Fladenbrot

½ Würfel Hefe
250 g Weizenmehl, Type 550
⅛ l Trinkjoghurt
¾ TL Salz
3 EL Pflanzenöl
1 TL Speisestärke
1/16 l kaltes Wasser
2 EL Sesamsaat

Man verfährt wie bei dem Rezept für „Pita" (s. S. 28), nur wird hier der Teig mit Joghurt statt mit Wasser bereitet und man rollt zum Schluß auf der bemehlten Tischplatte einen einzigen Fladen von etwa 25 cm Durchmesser aus, den man etwa zehn Minuten gehen läßt. Dann kocht man die im Wasser verrührte Speisestärke einmal auf, bestreicht den Fladen damit, bestreut ihn mit Sesam und stellt ihn in das vorgeheizte Backrohr. Backzeit: etwa 20 bis 25 Minuten bei mittlerer Hitze. Auch für die Sesam-Pita gilt: bei sehr hoher Anfangshitze und nur bei Oberhitze backen!

Variante: Man kann den Fladen auch auf der Herdplatte backen. Dazu rollt man ihn dünner aus (etwa 1 cm), legt ihn auf eine eingeölte Alufolie und bäckt ihn auf beiden Seiten, bis er Farbe annimmt. Er wird so noch weicher als der im Rohr gebackene.

Döner Kebap Fleischfülle für Sesam-Pita

1 kg Hammelfleisch (Keule oder Schulter)
Saft einer großen Zwiebel
⅛ l EL Olivenöl
Salz
frisch gemahlener Pfeffer
2 Tomaten, in Scheiben geschnitten
grob gehackte Petersilie
1 Zwiebel, gehackt oder in feinen Ringen
evtl. 1 Becher Joghurt

Man läßt das Fleisch vom Metzger in hauchdünne Scheiben schneiden (wie für Rouladen).
Aus Zwiebelsaft, Öl, Salz und Pfeffer stellt man eine Marinade her, in die man das Fleisch über Nacht einlegt.
Am nächsten Tag schichtet man das Fleisch übereinander (in der Originalzubereitung wird es an einem vertikalen Drehspieß gebraten), deckt die oberste Scheibe mit Alufolie ab und brät das Fleisch bei scharfer Hitze im Backrohr. Wenn die Ränder braun sind, kann man sie abschneiden und in einer Pfanne warm halten, während man das Fleisch im Rohr weiterbrät. Wenn es gar ist, schneidet man es in mundgerechte Bissen.
Die Pita wird geviertelt und jedes Viertel von der Spitze her so aufgeschnitten, daß eine Tasche entsteht. In diese Tasche füllt man Fleisch, Tomaten, Petersilie, Zwiebel und evtl. Joghurt.

200 g Weizenmehl, Type 405 oder 550
½ Würfel Preßhefe
knapp ⅛ l lauwarmes Wasser
½ TL Salz
etwas Öl

Pizza

▷

Die italienische Pizza, deren Ursprung in Neapel liegt, ist nichts anderes als ein mit dem Belag gebackenes Flachbrot, das aus Weißbrotteig hergestellt wird.
Man siebt das Mehl in eine Schüssel, verrührt die Hefe mit der Hälfte des Wassers und fügt drei bis vier Eßlöffel Mehl hinzu. Diesen Vorteig stellt man warm, bis er aufgegangen ist (etwa 15 Minuten). Nun verrührt man das Salz gut mit dem restlichen Mehl, gibt den Vorteig und das restliche Wasser dazu und verarbeitet alles zu einem glatten Teig, den man fünf Minuten auf der bemehlten Tischplatte knetet. Anschließend stellt man den zu einer Kugel geformten Teig, mit Mehl bestreut und zugedeckt, warm, bis er sein Volumen etwa verdoppelt hat. Dann rollt man den Teig auf der bemehlten Tischplatte zunächst nur ein wenig aus und läßt ihn eine Weile liegen. So läßt er sich leichter dünn ausrollen. Er sollte einen Durchmesser von etwa 25 cm haben. Man hebt den Teig auf ein geöltes Backbleck und belegt ihn nach Belieben. – Ein oberitalienischer Pizzabäcker verriet mir, daß er den Teig mit gekochten Kartoffeln zubereitete. Man nimmt auf 200 g Mehl 150 g geschälte gekochte Kartoffeln, die man zerquetscht oder ganz fein reibt und gut mit dem Mehl mischt. Im übrigen verfährt man wie oben.
Für den Belag sind der Phantasie keine Grenzen gesetzt. Die Ur-Pizza allerdings – ein reines Armeleute-Essen – hatte lediglich gehäutete, entkernte, kleingehackte Tomaten, gehackten Knoblauch, Oregano oder Basilikum und Öl als Belag. Selbst der heute so unentbehrliche Käse fehlte, denn er war immer schon teuer!
Kenner behaupten nicht zu Unrecht, daß diese Grundform der Pizza, allenfalls noch angereichert mit Sardellen, Mozzarella, Oliven oder Kapern, der ideale Pizza-Belag sei, ja, sie erklären die neueren Schöpfungen – wie die *Capricciosa* oder die Pizza *Quattro stagioni* (= Vier Jahreszeiten) für reine Spielerei und völlig überflüssig.
Dennoch seien hier einige der gängigsten Pizza-Typen angeführt, wobei Benennung und Belag in Italien von Region zu Region variieren kann.
Die *Pizza alla marinara* entspricht im Prinzip der Ur-Pizza, man findet sie aber auch angereichert mit Oliven, Kapern, Sardellen.
Die *Pizza Margherita* (manchmal auch *Napoletana*) ist die durch geschmolzenen Käse (Mozzarella) verfeinerte Ur-Pizza.
Die *Capricciosa* ist eine „Edelpizza" mit Schinken, Pilzen, Artischocken, Oliven und Mozzarella. Ihr ähnlich ist die *Pizza Quattro stagioni,* nur ist bei ihr jedes Viertel mit einem anderen Belag versehen.
Nennen wir hier nur noch ein paar der heute zahllosen Pizza-Typen: *Pizza Quattro formaggi* (mit viererlei Käse), *Pizza prosciutto e funghi* (mit gekochtem Schinken und Champignons), *Pizza frutti di mare* (mit Schaltieren, meist überwiegend Muscheln).
Aus Pizzateig besteht auch der *Calzone* (calzoni = Hosen). Der Belag wird hier zur Fülle, der Teig zum Mantel. Man rollt den Teig zunächst wie für eine Pizza aus, belegt die eine Hälfte nach Belieben – z.B. mit Tomaten, Sardellen und Mozzarella – und klappt die andere Teighälfte darüber. Gebacken wird der *Calzone* bei sehr hoher Temperatur etwa 10 Minuten, dann weitere 15 bis 20 Minuten bei mittlerer Hitze.

Sfincione

Er ist ein Verwandter der Pizza. Der Teig ist der gleiche. Er wird jedoch nicht dünn ausgerollt, sondern auf dem eingeölten Blech flachgedrückt, bis er 2 bis 3 cm dick ist. Die Zutaten – in Scheiben geschnittene Tomaten, Oliven, Zwiebelscheiben, Salz und Oregano – werden lose auf dem Teig verteilt und mit Olivenöl beträufelt. Gebacken wird der Sfincione wie die Focaccia (s. nächstes Rezept).
Ein Tip: Der Belag wird, wenn der Sfincione angebacken ist und die Oberfläche zu verkrusten beginnt, mit einer Gabel in den Teig gedrückt, damit er sich beim Essen nicht selbständig macht.

Focaccia

Die Focaccia ist ein italienisches Flachbrot, ähnlich der türkischen Pita (s. S. 28), nur wird sie auf rechteckigen Blechen (wie unser Blechkuchen) gebacken. Den Teig bereitet man nach dem Rezept für die Pizza (s. S. 30). Sobald er genügend gegangen ist, hebt man ihn auf ein geöltes Blech, bestreut ihn mit Mehl und drückt ihn flach (2 bis 3 cm hoch sollte er sein). Die einfachste Art der Focaccia wird vor dem Backen lediglich mit etwas Olivenöl beträufelt und mit Salz bestreut. Häufig findet man in Italien auch eine Focaccia mit Rosmarin. Sie wird vor dem Einschießen mit Öl beträufelt und mit Salz und frischen Rosmarinblättchen bestreut. Etwas aufwendiger ist die

Zwiebel-Focaccia

Man bereitet dafür den gleichen Teig. Die Zwiebeln werden in dünne Scheiben geschnitten und in etwas Butter angedünstet. Dann mischt man sie entweder unter den Teig und bäckt die Focaccia als einfache Teiglage oder man drückt den Teig auf dem Blech flach, gibt die angedünsteten Zwiebeln darauf und deckt eine zweite Teiglage darüber. Die Teigdecke wird vor dem Einschießen mit Öl beträufelt und die Focaccia goldgelb gebacken.

Käse-Focaccia

Der gleiche Teig wird mit geriebenem (jungen) Parmesan, Grana oder Pecorino vermengt. Man kann den fein geriebenen Käse auch auf den Teig streuen, nimmt dann aber besser einen Schweizer Emmentaler oder Greyerzer.

Pane nociato Umbrisches Nußbrot

500 g Weizenmehl,
Type 550
100 g mittelalter Pecorino
(italienischer Schafkäse)
50 g Walnußkerne
1 gehäufter TL Salz
3/8 l lauwarmes Wasser
1 Würfel Preßhefe
2 EL Pflanzenöl

Man siebt das Mehl in eine Schüssel, schneidet den Pecorino in kleine Würfel und hackt die Walnüsse grob. Käse, Nüsse und Salz werden mit dem Mehl vermischt, die Hefe im lauwarmen Wasser aufgelöst und verrührt. Nun verarbeitet man die Mehlmischung mit dem Wasser zu einem Teig, den man mit dem Kochlöffel so lange abschlägt, bis er Blasen wirft und sich von der Schüssel löst. Man formt den Teig zu einer Kugel, bestreut diese mit Mehl und läßt den Teig zugedeckt etwa eine Stunde im Warmen gehen. Dann knetet man ihn auf der bemehlten Tischplatte vorsichtig durch, formt einen runden Laib und legt diesen auf ein vorgewärmtes bemehltes oder eingeöltes Backblech. Man läßt den Teigling, mit etwas Mehl bestreut und zugedeckt, wiederum eine Stunde im Warmen gehen. Inzwischen heizt man das Backrohr auf der höchsten Hitzestufe vor und bäckt das Brot zunächst zehn Minuten bei Oberhitze. Dann schaltet man die Temperatur auf 180°C herunter und bäckt das Brot bei gleichzeitiger Ober- und Unterhitze noch etwa 40 Minuten.

Berner Züpfe

1 kg Weizenmehl, Type 405
½ l lauwarme Milch
2 Würfel Preßhefe
180 g zerlassene Butter
1 TL Salz
etwas Milch zum
Bestreichen

Das Mehl wird in eine Schüssel gesiebt und angewärmt. Dann gießt man die Milch in eine Vertiefung in der Mitte, bröckelt die Hefe hinein und verrührt die Milch mit etwas Mehl zu einem flüssigen Brei. Dieser Vorteig muß etwa eine halbe Stunde zugedeckt an einem warmen Ort gehen. Nun gibt man die zerlassene Butter und das Salz dazu und verarbeitet alle Zutaten zu einem glatten Teig. Man bearbeitet den Teig so lange, bis er sich von der Schüssel löst und Blasen wirft. Er muß anschließend bemehlt und zugedeckt noch einmal im Warmen rasten, bis er deutlich an Umfang zugenommen hat. Auf einem bemehlten Backbrett teilt man ihn in drei gleiche Teile, die man zu langen Würsten formt. Daraus flicht man einen Zopf, setzt ihn auf ein mit etwas Butter eingepinseltes Blech und bestreicht ihn mit Milch. Gebacken wird er auf der unteren Schiebeleiste bei 180°C etwa 50 Minuten.

Bauernbrot aus Zypern

1 kg Weizenmehl, Type 550 (aus Reformhaus oder Supermarkt)
2 Würfel Preßhefe
¾ l lauwarmes Wasser
3 gestrichene TL Salz
etwas Kleie oder Backschrot zum Bestreuen des Blechs

Dieses Bauernbrot aus dem türkischen Teil Zyperns unterscheidet sich kaum von den uns bereits bekannten Weißbroten. Im Dorf meiner Informantin wird es jedoch bis auf den heutigen Tag im Holzofen gebacken und bekommt dadurch eine ganz besondere Note.
Man löst zunächst die Hefe in einem Achtelliter des Wassers auf und verrührt sie gut. Dann mischt man Mehl und Salz mit dem Schneebesen, gießt das Hefewasser und den Rest des Wassers dazu und verarbeitet alles zu einem glatten Teig. Man knetet ihn am besten etwa zehn Minuten mit der Hand auf der bemehlten Tischplatte. Anschließend formt man den Teig zu einer Kugel, bestreut diese mit Mehl und stellt sie etwa eine Stunde, mit einem Tuch zugedeckt, warm. Dann teilt man den Teig in zwei Teile, knetet diese kurz durch und formt sie zu runden flachen Laiben, die man auf ein mit Kleie oder Backschrot bestreutes Blech legt. Die Laibe werden mit warmem Wasser abgestrichen und im möglichst warmen Raum 15 bis 20 Minuten stehen gelassen. Man bäckt sie bei höchster Anfangshitze auf der unteren Schiebeleiste etwa fünf bis sechs Minuten an, drosselt dann die Hitze und bäckt das Brot weitere 20 Minuten.
Ein Genuß besonderer Art sind auch die folgenden drei Brote, die nach demselben Grundrezept wie das zyprische Bauernbrot gemacht werden.

Käse-Zwiebel-Brot aus Zypern

▷

Zu den oben aufgeführten Zutaten kommen noch:

200 g in Würfel geschnittener Schafkäse (in der Rinde gereift; oder ein aromatischer Schnittkäse, wie Allgäuer Bergkäse)
1 große geschnittene Zwiebel

Man verfährt wie bei dem obigen Rezept, verrührt jedoch mit Mehl und Salz auch den gewürfelten Käse und die geschnittene Zwiebel sorgfältig.
Am besten schmeckt zu diesem aromatischen Brot ein Glas Rotwein, der ruhig etwas kräftiger sein darf, oder – für die Nichtalkoholiker in der Familie – ein Glas Milch.

Zwiebel-Oliven-Weißbrot aus Zypern

Die gleichen Zutaten wie für das Käse-Zwiebel-Brot, nur verwendet man statt des Schafskäses 200 g schwarze Oliven
Nicht weniger schmackhaft ist diese Pita, die genau wie das Käse-Zwiebel-Weißbrot hergestellt wird, nur eben mit ganzen Oliven, die im Teig gut verteilt sein sollten.

Susamli Sesam-Brot aus Zypern

250 g Sesam
1 Messerspitze Speisesoda
(oder Natron)

Eine dritte Variante des einfachen Weißbrots (S. 34) ist die Susamli. Für sie braucht man außer Weizenmehl Hefe, Salz und Wasser noch Sesam und Speisesoda.
Der Sesam wird mit Speisesoda in Wasser abgekocht, bis sich die Häutchen gelöst haben. Sie werden mit dem Kochwasser abgegossen, der Sesam kommt zum Abtropfen in ein Sieb. (Einfacher ist es, geschälten Sesam zu kaufen.) Der Weißbrotteig wird auf einer bemehlten Arbeitsplatte mit der Hand flachgedrückt, der Sesam auf dem Teig verteilt und dieser von zwei gegenüberliegenden Seiten zur Mitte hin eingeschlagen, so daß sich eine längliche Weckenform ergibt. Den Wecken setzt man auf das bemehlte Blech und überläßt ihn für eine halbe Stunde zugedeckt sich selbst. Gebacken wird er wie das Zwiebel-Käse-Weißbrot. Im Unterschied zu den Laibbroten (mit Käse bzw. Oliven) schneidet man die Susamli in Scheiben.

Donauschwäbisches Bierhefebrot aus der Batschka

Die Batschka – Donauschwaben – gehört zu dem südosteuropäischen Weizengebiet, in dem der „Stahlweizen" zu Hause ist – ein Weizen mit hervorragendem Kleber, der dem des kanadischen Weizens kaum nachsteht. Selbstverständlich war er für die Donauschwaben *das* Brotgetreide.
Mein Informant erinnert sich, daß in seinem Heimatort bis kurz nach dem Ersten Weltkrieg zum überwiegenden Teil Bierhefebrot gebacken wurde. Dies erscheint insofern bemerkenswert, als seit der Erfindung der Preßhefe um 1850 die Bierhefe als Brotlockerungsmittel längst aus der Mode gekommen war. Offenbar empfand man den neutralen Geschmack der Preßhefe als angenehmer. In der Batschka kamen in bestimmten Abständen die „Bierhefeweiber" ins Dorf. Sie brachten in einem Deckelkrug die flüssige Hefe aus der Brauerei (den Weg legten sie meist per Anhalter zurück!) und boten sie feil: ein Schöpflöffel für zwei Kreuzer.
Man sollte das Bierhefebrot ruhig einmal ausprobieren. Wo man Bierhefe bekommt, wurde schon auf Seite 10 beschrieben. Übrigens: Untergärige Bierhefe ist zum Backen ungeeignet, da sie Enzyme enthält, die den Kleber abbauen!

500 g bestes Weizenmehl
Type 550
etwa ⅛ l obergärige
Bierhefe
2 gestrichene TL Salz
etwa ¼ l warmes Wasser

Das Originalrezept sieht natürlich ganz andere Mengen vor: Schließlich zählte die Familie in der Regel etwa zehn bis elf Köpfe und ebenso viele Mägen, für die jede Woche sieben bis acht Laibe in den Ofen mußen.
Aus den Zutaten macht man einen nicht zu festen Teig, der ungefähr eine Stunde gehen muß. Dann wird er zu einem runden Laib geformt, der im Warmen noch einmal rasten muß. Vor dem Einschießen wird eine Hälfte über die andere geklappt (der Teig verläuft während des Backens wieder). Man bäckt fünf Minuten bei 250° C, dann bei 200° C etwa 50 Minuten. Nachdem der Herd ausgeschaltet ist, bleibt das Brot noch eine Viertelstunde im Rohr.

Weißbrot von der Schwäbischen Alb

500 g Weizenmehl, Type 405
⅛ l lauwarme Milch
1 gestrichener TL Zucker
1 Würfel Preßhefe
⅛ l lauwarmes Wasser
1 gehäufter TL Salz

Man siebt das Mehl in eine Schüssel, löst den Zucker in der Milch auf und bröckelt die Hefe dazu. Wenn die Hefe auf der Oberfläche schwimmt, gießt man Milch und Wasser in eine Vertiefung im Mehl, streut das Salz auf das Mehl und vermengt alle Zutaten sorgfältig zu einem leichten Teig, der etwa zehn Minuten geknetet wird. Danach muß er (bemehlt, warm zugedeckt!) für drei Stunden rasten. Zu einem Laib geformt, wird er auf das bemehlte Blech gelegt und gleich in den vorgeheizten Ofen auf die untere Schiebeleiste gesetzt. Nach etwa 45 Minuten (bei 200° C) ist das Brot fertig. Früher aß man dazu Marmelade, Käse oder Eier und trank Milch dazu. Aus dem gleichen Teig wird auch der Zwiebelkuchen (S. 73) gemacht.

Kartoffelbrot „Decher“ aus dem Oberbergischen

1 kg Weizenmehl, Type 405
10 mittelgroße gekochte und zerdrückte Kartoffeln
10 mittelgroße rohe, geriebene, abgetropfte Kartoffeln
etwa 5 gestrichene TL Salz
1 Würfel Preßhefe
1–2 Eier
¼ l Wasser

Der „Decher“ gehört zu den traditionellen Speisen im Oberbergischen (wo übrigens die Hausbäckerei immer Männerarbeit war). Der Hausherr also siebt das Mehl in eine Schüssel und gräbt eine Mulde in die Mitte, in die Kartoffeln, Salz, zerbröselte Hefe, Eier und Wasser gegeben werden. Alle Zutaten werden gründlich vermengt und durchgeknetet, dann bleibt der Teig für eineinhalb bis zwei Stunden im Warmen stehen. Anschließend wird er zu einem Wecken geformt, der bis zu zwei Stunden backen muß (bei etwa 180° C auf der unteren Schiebeleiste). Original gart er natürlich (auch heute noch) bei fallender Hitze im „Backes“, dem Backhäuschen. Gleichzeitig mit dem Brot schmort in der gefetteten Pfanne (heute seltener) der „Rievelatz“ im Backofen – ein Gericht aus geriebenen Kartoffeln und Eiern, das, wenn es ausgekühlt ist, in dünne Scheiben geschnitten und so auf dem Herd in einer Pfanne in Fett gebraten wird.

Bulgarisches Joghurtbrot

⅛ l warme Milch
1 TL Zucker
½ Würfel Preßhefe
500 g Weizenmehl, Type 405
2 gestrichene TL Salz
⅛ l Joghurt
2 EL zerlassene Butter
1 Eidotter
1 verquirltes Ei
etwas Öl für das Backblech

Der Zucker wird in der warmen Milch aufgelöst und die Hefe hineingebröselt. Wenn sie an der Oberfläche schwimmt, schüttet man das Mehl in eine Schüssel, mischt es mit dem Salz und macht eine Vertiefung in die Mitte, in die man Joghurt, Milch, zerlassene Butter und Eidotter gibt. Alle Zutaten werden sorgfältig vermengt, der Teig wird so lange mit dem Löffel geschlagen, bis er Blasen wirft und nicht mehr klebt. Mit Mehl bestäubt, rastet er zugedeckt eine Stunde an einem warmen Ort. Danach formt man einen runden Laib, setzt ihn auf das geölte Blech, bestreicht ihn mit dem verquirlten Ei und läßt ihn wiederum eine halbe Stunde gehen. Bei mittlerer Hitze bäckt man das Joghurtbrot etwa 40 Minuten auf der unteren Schiebeleiste. Es hat übrigens, da es ja Fett enthält, eine kuchenartige Konsistenz und schmeckt am besten zu einem Glas Milch.

Hefebrote aus Misch- und Roggenmehl

Schwäbisches Bauernbrot von der Insel Reichenau, Bodensee ▷

800 g Weizenmehl,
Type 550
200 g Roggenmehl,
Type 1370
(aus dem Reformhaus)
1 Würfel Hefe
etwa ½ l lauwarmes Wasser
3 gehäufte TL Salz
(1 gehäufter EL Kümmel
nach Belieben)

Das Mehl wird am Vorabend in eine Schüssel gesiebt und gut gemischt. Davon nimmt man 200 Gramm ab und verrührt sie mit einem knappen Viertelliter warmen Wassers und der zerbröckelten Hefe zu einem glatten Vorteig, der über Nacht im Warmen zugedeckt arbeiten muß. Am nächsten Morgen löst man das Salz im restlichen Viertelliter des Wassers auf und gießt dieses mit dem Vorteig zum Mehl, arbeitet alles gleichmäßig durch, knetet etwa zehn Minuten und läßt den Teig bemehlt und zugedeckt eine halbe Stunde im Warmen stehen. Dann teilt man ihn, formt zwei runde Laibe, die man mit dem Schluß nach unten auf das bemehlte Backblech setzt. Die „Teiglinge" müssen noch einmal kurz rasten und werden dann eingeschossen. Im Elektro-Ofen backen die Laibe etwa eine Stunde bei 200° C auf der unteren Schiebeleiste. Auf der Reichenau waren vor fünf Jahren noch vereinzelt Holzöfen in Funktion. Hausbackenes gab es aber nur noch im Winter, weil im Sommer keine Zeit dafür blieb. Früher wurden aus demselben Teig auch „Kümmellaibe" für die Liebhaber dieses Gewürzes gemacht. Der Kümmel wurde in den Teig gemengt. Bis vor etwa 40 Jahren gab es als besonderen Leckerbissen am Backtag einen Apfelkuchen aus Brotteig (S. 73).

Schwarzwälder Bauernbrot

660 g Weizenmehl,
Type 550
330 g Roggenmehl,
Type 1370
(aus dem Reformhaus)
1 Würfel Preßhefe
3–4 gestrichene TL Salz
gut ½ l Flüssigkeit
(⅓ Milch, ⅔ Wasser)

Von dem gesiebten, gründlich vermischten Mehl nimmt man am Vorabend die Hälfte ab, bröckelt die Hefe darauf und gießt die Hälfte des Wassers zu. Beim Verrühren zeigt es sich, ob noch etwas Flüssigkeit nötig ist, um einen nicht zu festen Vorteig herzustellen, der über Nacht zugedeckt an einen warmen Ort gestellt wird. Am nächsten Morgen verarbeitet man die übrige Hälfte des Mehls, Salz, Vorteig und die restliche Flüssigkeit (Wasser und Milch) zu einem glatten Teig, der gut durchgeknetet werden muß. Da im Schwarzwald meist nur noch in Familien mit mehr als zehn Personen gebacken wird, ist das Kneten (bei etwa einem Zentner Mehl, der jedesmal gebraucht wird) kein Kinderspiel und daher den Männern „zugedacht". (Ob sich diese auch daran halten, wurde nicht bekanntgegeben.) Die Ausbeute sind jeweils 15 bis 20 Laibe, die im Kachelofen gebacken werden (was nicht gleich gebraucht wird, kommt in die Gefriertruhe).
Aus unserer Teigmenge machen wir am besten zwei Laibe, die etwa 50 Minuten bei 200° C auf der unteren Schiebeleiste backen sollen.

Bayerisches Bauernbrot aus Valley in Oberbayern

Als ich den Hügel erklommen hatte, auf dem der Hof liegt, hatte man gerade den freistehenden Backofen, den ich eigentlich anschauen wollte, abgerissen. Zweihundert Jahre war er alt geworden. Die Hausbrotbäckerei gehört bei dieser Familie zwar der Vergangenheit an, die alte Bäuerin kann sich aber noch an alle Details erinnern. (Bis 1972 wurde gebacken.) Als Zutaten wurden verwendet:

300 g Weizenmehl,
Type 550
300 g Roggenmehl,
Type 1370
(beide aus dem Reformhaus)
⅛ l lauwarme Buttermilch
½ Würfel Preßhefe („Germ“)
¼ l warmes Wasser
3 gestrichene TL Salz
etwas gemahlener Anis und Koriander
etwas geriebene Muskatnuß (statt Mußkatnuß: 1 TL gestoßener Zimt und gemahlene Nelken)
1 mit etwas Wasser verquirlter Eidotter zum Abstreichen

Aus Buttermilch, Hefe (die in die Buttermilch gebröckelt wird) und etwas Roggenmehl wird am Vorabend in einem kleinen Topf ein „Doagl“ (Vorteig) gemacht, das nicht zu fest sein sollte. Es wird über Nacht zugedeckt und warm gestellt. Am Backtag gibt man es in eine Schüssel, siebt das gut gemischte Mehl hinein und gießt zwischendurch immer etwas warmes Wasser zu. Dieser Teig muß (bemehlt und zugedeckt) etwa eine halbe Stunde gehen, dann erst werden Salz und die übrigen Gewürze hineingeknetet. Wieder muß der Teig aufgehen (eineinhalb Stunden), dann formt man einen runden Laib, der vor dem Einschießen mit einer Gabel oder einem Beserl „gestupft“ wird. Auf einem bemehlten Backblech rastet der Laib etwa 20 Minuten, wird mit dem verquirlten Eigelb abgestrichen und bei 200°C auf der unteren Schiebeleiste etwa 80 Minuten gebacken. Die Bäuerin zeichnete, bevor der Teig zum Gehen abgestellt wurde, ein Kreuz hinein. (Früher gab es auch einen Brotstempel im Haus, mit einem „Herzl“ drauf, das nach dem Backen aber ganz verlaufen war.) Vor dem Anschneiden deutete sie mit der Messerspitze auf der Unterseite des Brotes drei Kreuze an: „Damit's besser dergibt.“ Auf meine Frage, was man als Brotbelag gegessen habe, kommt es fast entrüstet: „No, nix – an Radi und a Bier hat's dazu geb'n!“

Nordtiroler Bauernbrot aus dem Stubaital

500 g Weizenmehl, Type 1050
500 g Roggenmehl, Type 1370
(beide aus dem Reformhaus)
1 Würfel Preßhefe
4 schwach gehäufte TL Salz
¾ l lauwarmes Wasser
1 gehäufter EL Fenchel
1 gehäufter EL Brotkleesamen
(statt Fenchel und Brotkleesamen dieselbe Menge Kümmel und Koriander)
etwas schwarzer Kaffee zum „Abstreichen"

Zunächst nimmt man vom Roggenmehl 250 g ab, siebt es in eine Schüssel, bröckelt die Hefe hinein und gießt so viel warmes Wasser dazu, daß ein dickflüssiger Brei entsteht. Dieses „Dampfl" (Vorteig) bleibt zugedeckt über Nacht in der warmen Küche stehen. Am Backtag wird das „Dampfl" in eine große Schüssel gegeben, das Salz im lauwarmen Wasser aufgelöst, Wasser und alle Gewürze werden mit dem „Dampfl" zu einem dünnflüssigen Brei verrührt, zu dem nach und nach das gesamte Mehl gesiebt wird. Dieser Teig muß etwa zehn Minuten geknetet werden, bis er mit Mehl bestäubt („Ein nackter Teig schämt sich zu gehen!") zugedeckt an den warmen Herd gestellt wird. Nach einer guten halben Stunde hat er sein Volumen etwa verdoppelt. Er wird geteilt, jede Teighälfte noch einmal durchgeknetet und zu einem runden Laib geformt, der mit schwarzem Kaffee bestrichen wird.

Die Bäuerin hatte bis 1965 einen Holzofen, der dann abgerissen wurde. Heute bäckt sie im Elektro-Brotofen. Er wird eine dreiviertel Stunde vor Backbeginn bei 350°C angeheizt, das Brot wird eingeschossen, nach zehn Minuten die Unterhitze ausgeschaltet, nach weiteren zehn Minuten die Oberhitze. Das Brot bäckt bei reiner Nachhitze zu Ende. Im normalen Elektroherd (untere Schiebeleiste), der ebenfalls lange genug vorgeheizt werden sollte, kann man etwa fünf Minuten bei höchster Hitzestufe backen, drosselt dann auf 200°C, nach einer Viertelstunde auf 180°C und läßt das Brot noch etwa eine Stunde im Rohr.

Schweizer Brot aus dem Engadin

600 g Roggenmehl, Type 1370
300 g Weizenmehl, Type 1050
(beide aus dem Reformhaus)
etwa 4 gestrichene TL Salz
etwa ½ l warmes Wasser
½ Würfel Preßhefe

Die Herstellung entspricht der des Reichenauer Bauernbrots (S. 38). Die Bäuerin aus Schuls (Scuol), die mir ihr Rezept verriet (wir saßen in dem – für das Engadin typischen – vollständig mit Arvenholz ausgekleideten Wohnraum, der durch seine ausgewogenen Proportionen, einen bis an die Decke reichenden Kachelofen und eine umlaufende Holzbank größte Behaglichkeit ausstrahlte), wußte sich noch an verschiedene Bräuche zu erinnern, zum Beispiel, daß aus dem Restteig für die Kinder knusprige Brotringe gemacht wurden. Ich fragte sie, ob sie auch, wie das in Süddeutschland Sitte ist, drei Kreuze auf den Teig gezeichnet habe, bevor er zum Gehen weggestellt wurde. Sie verneinte das, aber sie habe das Bemehlen der Tücher, auf die die fertig „geballten" Laibe zum Rasten gelegt wurden, stets als religiöse Geste empfunden.

Statt der Brotringe gab es manchmal auch Brezeln, die im benachbarten Wallis übrigens „Marugg" genannt wurden. Marugg war auch der Name der Bäuerin, und die Familie, die aus dem Wallis stammte, führte eine Brezel im Wappen.

Südtiroler Fladen I vom Tasseggerhof bei Bozen

▷

Ganz in der Nähe von Bozen, das heute leider durch eine kräftige industrielle Rauchentwicklung und hektischen Verkehr einiges von seinem ländlichen Charme eingebüßt hat, gibt es verschiedene Höfe, auf denen nach Urväter-Art Fladenbrot gebacken wird (nur der früher übliche Sauerteig ist hier durch „Germ", Hefe, verdrängt worden). Einer dieser Höfe ist bis heute auf Grund seiner schwer zugänglichen Lage weitgehend autark und produziert alles selbst – vom Brot über die Wolle bis zum Wein. In den Hochlagen gedeiht an Brotgetreide nur Roggen, der häufig (vor allem im Vintschgau, im Passeiertal und den Seitentälern des Pustertals) noch in wasserbetriebenen Mühlen gemahlen wird, deren Zahl allerdings rapid dahinschmilzt.
Auf dem Hof, von dem dieses Fladenrezept stammt, wird nur noch im Winter gebacken. Aufbewahrt wird das Brot in „Huchten", hoch hängenden Regalen, in denen die Fladen in einzelnen Fächern stehen.

1 Päckchen Trockenhefe
gut ¼ l warmes Wasser
500 g Roggenmehl, Type 1370 (aus dem Reformhaus)
etwa 2 gestrichene TL Salz
1 Päckchen Anis
etwas Kümmel
etwa 1 Handvoll gerebelter Brotklee
etwa 1 gestrichener EL zerlassenes Schmalz
etwas Backschrot für das Blech

Am Vorabend löst man die Hefe in der Hälfte des Wassers auf, siebt das Mehl in eine Schüssel und verrührt einige Eßlöffel davon mit dem Wasser und der aufgelösten Hefe zu einem „Dampfl", das man über Nacht gut zugedeckt warm stellt. Am nächsten Morgen streut man Salz, Anis, Kümmel und gerebelten Brotklee (der auf den Wiesen um das Haus als Unkraut wächst) auf das Mehl, gießt das zerlassene Schmalz dazu und mengt immer abwechselnd etwas von dem Vorteig und dem warmen Wasser unter das Mehl, bis sich ein knetbarer Teig gebildet hat. (Da gerade bei Roggenmehl der Feuchtigkeitsgehalt sehr schwankt, sollte man mit dem Wasser zunächst sparsam umgehen, notfalls noch etwas Mehl zugeben.) Dann läßt man ihn, mit Mehl bestäubt und zugedeckt, im Warmen stehen, bis er aufgegangen ist, teilt ihn und formt zwei flache Fladen, die man auf ein mit Backschrot bestreutes Blech legt. Die Fladen müssen zugedeckt noch einmal gehen, bis sie deutlich an Volumen gewonnen haben. Gebacken wird auf der mittleren Schiebeleiste bei 220°C etwa 40 Minuten. Brot aus reinem Roggenmehl sollte man nie sofort nach dem Auskühlen anschneiden, weil es dann noch zu klebrig ist. Das ist überhaupt eine etwas nachteilige Eigenschaft des Roggens – der Vorteil ist natürlich, daß Roggenbrot auch länger saftig bleibt als Weizenbrot.
In Südtirol wird das Brot, solange es frisch ist, in Scheiben geschnitten und mit Marmelade oder Butter gegessen. Ist es hart geworden, bricht man es mit dem Brotgrambel und tunkt es in Kaffee, Suppe oder Milch. Sehr gut schmeckt es, wenn es etwas abgelagert, aber noch nicht hart ist, mit Tiroler Bauernspeck und Grappa, italienischem Treberschnaps.

Südtiroler Fladen II vom Stadlerhof bei Bozen

500 g Roggenmehl, Type 1370
100 g Weizenmehl, Type 550 (beide aus dem Reformhaus)
1 Päckchen Trockenhefe
¼ und ¹⁄₁₆ l warmes Wasser

Seit hier mit „Germ" gebacken wird, nimmt man kein reines Roggenmehl zum Backen mehr. Das Verfahren deckt sich im wesentlichen mit dem des vorhergehenden Rezepts, nur müssen die beiden Mehlsorten gut miteinander vermischt werden.

1 kleine Handvoll Anis, 1 kleine Handvoll Kümmel, 2 gehäufte TL Salz

Rumänisches Griebenbrot

▷

500 g Roggenmehl,
Type 1370
(aus dem Reformhaus)
gut ¼ l warmes Wasser
1 Würfel Preßhefe
etwa 2 TL Salz
70 g durch den Fleischwolf
gedrehter roher
Schweinespeck

Das vorgewärmte Mehl wird in die Backschüssel gesiebt, in eine Vertiefung in der Mitte das Wasser gegossen und die Hefe hineingebröckelt. Wasser, Hefe und etwas Mehl werden zu einem Brei verrührt, und die Schüssel wird zugedeckt warm gestellt. Nach einer halben Stunde verteilt man Salz und durchgedrehten Schweinespeck auf dem Mehl und vermengt alle Zutaten gut miteinander. Man formt einen großen runden Fladen, legt ihn auf das bemehlte Backblech und läßt ihn zugedeckt eine Stunde an einem warmen Ort gehen. Auf der mittleren Schiebeleiste bäckt man ihn bei 200°C etwa 40 Minuten.

Chiemgauer Bauernbrot aus Dösdorf

⅛ l Buttermilch
½ Würfel Hefe
660 g Roggenmehl,
Type 1370
330 g Weizenmehl,
Type 550
(beide aus dem Reformhaus)
½ TL Zucker
6 TL Salz
1 EL Kümmel
1 EL Koriander
etwa ½ l warmes Wasser
1 mit Wasser verquirltes Ei
zum Bestreichen

Aus der Buttermilch, einigen Löffeln Roggenmehl, der zerbröselten Hefe und dem Zucker wird am Vorabend ein „Dampfl" gemacht, das man zugedeckt über Nacht stehen läßt; der Raum sollte nicht zu warm sein. Am Backtag siebt man das Mehl in eine Schüssel und mischt es gründlich. In eine Mulde in der Mitte gießt man das „Dampfl", streut die Gewürze darüber und gießt vorsichtig das Wasser dazu (nicht alles auf einmal!). Von der Mitte her verrührt man „Dampfl" und Flüssigkeit nach und nach mit dem Mehl, bis sich ein knetbarer Teig ergibt. Zehn Minuten wird geknetet, dann der Teig mit Mehl bestreut und zugedeckt ins Warme gestellt, bis er etwa um die Hälfte seines Volumens zugenommen hat. Dann formt man zwei Laibe, legt sie auf ein bemehltes Backblech, bestreicht sie mit lauwarmem Wasser und läßt sie zugedeckt etwa 20 Minuten gehen. Währenddessen heizt man das Backrohr an. Die Ränder der Laibe werden mit dem Messer schräg gekerbt, die Oberfläche bestreicht man mit dem verquirlten Ei und schiebt das Blech auf die untere Schiebeleiste des Backrohrs. Nach etwa 70 Minuten Backzeit bei 220°C ist das Brot fertig. Es bleibt aber bei Nachhitze noch zehn Minuten im Rohr. Die Bäurin, von der dieses Rezept stammt, hat früher noch in einem Backtrog Teig geknetet, der aus einem einzigen Baumstamm geschnitzt war. Als er wurmstichig geworden war, wurde er durch einen aus fünf Brettern gezimmerten Trog ersetzt. Zum Teigabstechen verwendet sie einen eisernen „Muserer". Sie schneidet das Brot mit der Hand, nur wenn Gäste kommen, nimmt sie die Maschine zu Hilfe, damit die Scheiben schön gleichmäßig werden. Zum Brot aß die Familie früher Butter und geschnittene grüne Zwiebeln, manche strichen Butter aufs Brot, streuten Salz und Pfeffer darauf. Einem Aberglauben zufolge vermeidet die Bäuerin, zwischen Weihnachten und Neujahr – in den „Weißen Nächten" – zu backen. Nur wenn das Brot ausgegangen ist, krempelt sie sich die Ärmel auf. Übrigens fällt am Backtag auch für die Tiere etwas ab: Der restliche Teig wird mit Wasser aus dem Backtrog gespült und wandert in den Futtertrog der Schweine und Kälber.

Schwedisches Ragbulle Roggenbrot

Für den Vorteig braucht man:
¾ kg Roggenmehl, Type 1370 (aus dem Reformhaus)
½ l Wasser
1½ TL Salz

Am nächsten Tag benötigt man:
¼ und 1/16 l Wasser
1½ Würfel Preßhefe
Weizenmehl, Type 1050, (aus dem Reformhaus)
3 EL Öl
100 g Weizenmehl, Type 550

Am Tag vor dem Backen siebt man das Mehl in eine Schüssel, bringt das Wasser zum Kochen und löst das Salz darin auf. Dann gießt man das kochendheiße Wasser zum Mehl und macht einen Brei, den man mit einem feuchten Tuch zudeckt und über Nacht stehen läßt.

Am Backtag erwärmt man das Wasser (es darf nur lauwarm sein) und bröckelt die Hefe hinein. Man rührt zunächst Roggenmehl und Öl in das Wasser, wenn alles gut verarbeitet ist, auch das Weizenmehl. Diesen Teig knetet man gut durch und stellt ihn dann, mit einem feuchten Tuch bedeckt, etwa 15 Minuten zur Seite. Dann formt man einen flachen, runden Laib, setzt diesen auf ein bemehltes Blech und läßt ihn, mit feuchtem Tuch bedeckt, eine Stunde im Warmen gehen. Das Backrohr heizt man etwa 20 Minuten bei 175° C vor, stellt das Blech auf die mittlere Schiebeleiste und bäckt das Brot 75 Minuten (ebenfalls bei 175° C). Das fertige Brot wird mit kaltem Wasser abgepinselt.
Das „Ragbulle" muß erst einen Tag liegen, bevor es angeschnitten werden kann.
In Schweden wird übrigens zu allen Mahlzeiten Brot mit Belag gegessen, auch zu warmen Gerichten.

Schwedischer Siktekakor (wörtlich: Siebkuchen, Siebbrot)

2 Würfel Preßhefe
etwa ¾ und ⅛ l Milch
50 g Butter oder Margarine
1 TL Salz
1½ kg Roggenmehl, Type 1370 (aus dem Reformhaus)
50 g Weizenmehl, Type 405
½ Tasse Sirupwasser zum Abstreichen

Man bröckelt die Hefe in eine Schüssel und verrührt sie mit ein wenig kalter Milch. Dann schmilzt man Butter oder Margarine in einem großen Tiegel, gießt den Rest der Milch dazu und verrührt beides. Diese handwarme Flüssigkeit gießt man in die Schüssel mit der Hefe, gibt Salz und Roggenmehl dazu und verarbeitet alles zu einem geschmeidigen Teig, dem man zum Schluß das Weizenmehl zufügt. Man stellt den Teig, mit einem feuchten Tuch bedeckt, eine halbe Stunde warm. Sein Volumen sollte sich dann etwa verdoppelt haben. Man legt den Teig auf ein bemehltes Backbrett, teilt ihn in vier Teile und formt jeden der vier Teile zu einer Kugel, die man etwa 2 cm dick ausrollt. Diese Fladen legt man auf ein gefettetes Blech, sticht mit einem Glas in der Mitte ein Loch aus und verziert den Teig, indem man ihn über und über mit der Gabel einsticht. Man läßt die Fladen unter einem feuchten Tuch etwa eine halbe Stunde gehen, heizt das Backrohr bei 200° C an und bäckt die Brote etwa 25 Minuten. Noch heiß, pinselt man sie mit kaltem Wasser oder Sirupwasser ab. Zum Auskühlen wickelt man sie in Tücher und legt sie auf den Rost im Rohr.
Siktekakor wird wie Kuchen in dreieckige Stücke geschnitten und in Schinkenbrühe gestippt (traditionell vor allem am Weihnachtsabend).

Niederbayerisches Roggenbrot aus der Nähe von Landau

1 kg Roggenmehl, Type 1370 (aus dem Reformhaus)
2 TL Zucker
½ Würfel Preßhefe
etwa 1 ¼ l warme Milch
etwa 6 gehäufte TL Salz
etwas Wasser oder in Wasser verquirltes Ei zum Abstreichen der Brote

Am Vorabend siebt man das Mehl in eine Schüssel, vertieft es in der Mitte kraterartig, streut den Zucker hinein, bröselt die Hefe dazu, gießt einen Achtelliter warme Milch dazu und vermengt Zucker, Hefe, Milch und etwas von dem Mehl zu einem dickflüssigen Brei, der zugedeckt zwei bis drei Stunden im Warmen stehenbleibt. (Die Bäuerin überläßt dieses „Dampfl“ sich selbst, bis es wieder „niedersitzt“, also wieder zusammenfällt.) Dann wird das Salz auf das Mehl gestreut, der Rest der Milch zunächst mit dem „Dampfl“, dann nach und nach mit dem gesamten Mehl vermengt. Der Teig wird zehn Minuten geknetet, damit sich alle Zutaten gut vermischen, und über Nacht zugedeckt an einen warmen Ort gestellt. Am nächsten Morgen teilt man den Teig, knetet die Stücke einzeln auf bemehlter Unterlage einmal durch und formt zwei runde Laibe, die zugedeckt noch einmal etwa eine Stunde auf dem bemehlten Backblech gehen müssen. Während dieser Zeit wird der Backofen (die Bäuerin bäckt schon lange in einem Elektro-Brotofen) bei 250°C angeheizt. Bevor das Brot eingeschossen wird, wird es mit warmem Wasser oder verquirltem Ei abgestrichen, mit Gabelstichen verziert und der Ofen zweimal mit Wasser ausgewischt. Dann gießt man auf den Boden des Backrohr vorsichtig eine Tasse voll Wasser, so daß sich ein kräftiger „Schwaden“ entwickelt. Nun wird das Backblech auf die untere Schiebeleiste gestellt und die Ofentür rasch geschlossen, damit der Dampf nicht entweichen kann. Nach fünf Minuten wird die Hitze auf 180°C gedrosselt. Nach etwa einer Stunde ist das Brot fertig.
Bis Anfang der dreißiger Jahre wurde in diesem Dorf bei Landau noch mit Sauerteig gebacken, der hier „Urer“ (von Urhab) genannt wird. Zum „Stupfen“ der Laibe nahm man keine Gabel, sondern ein „Kuchbeserl“, das aus Weidenruten geflochten war. – Gegessen hat man zum Brot vor allem Honig, Marmelade, Butter und Käse.

Brote mit Sauerteig und Hefe

Früher konnte man sich Sauerteig ohne weiteres beim Bäcker besorgen, heute ist das vielerorts nicht mehr möglich. (Es gab auch Zeiten, in denen der Bäcker das von der Hausfrau hergestellte Brot für sie in der Backstube gebacken hat. Heute neigt man sehr zu einer klaren Grenzziehung zwischen Handwerk und Amateurbäckerei.)
Man wird sich also am besten den Sauerteig selbst ansetzen, was gar nicht schwer ist. Nur einige grundsätzliche Dinge sind zu beachten:
1. Der angesetzte Mehlbrei sollte nicht zu dünn sein; ein festerer Brei säuert besser.
2. Die Temperatur darf nicht zu niedrig sein, da sich sonst statt der erwünschten Milchsäure-Essigsäurebakterien entwickeln. (Man merkt dies ganz deutlich an dem typischen stechenden Essiggeruch.) Die günstigste Temperaturspanne liegt zwischen 20 und 29° C. Die Raumtemperatur sollte nicht unter 20° C liegen.
3. Der gesäuerte Brei darf nicht zu lange stehen, sondern sollte, sobald er mild-säuerlich riecht (ein wenig an saure Milch erinnernd, ganz natürlich, weil es sich ja um Milchsäurebakterien handelt) und Bläschen bildet, weiterverarbeitet werden.

Das Ansetzen von Sauerteig

Das Mehl wird mit dem Schneebesen in das Wasser eingerührt.

Anschließend rührt man so lange, bis ein glatter, dünnflüssiger Brei entstanden ist.

Dieser Brei wird in ein Glas mit Schraubverschluß gegossen. Dann verschließen und warm stellen.

Rezepte zum Ansetzen von Sauerteig

100 g Roggenmehl, Type 1370 (aus dem Reformhaus) etwa ⅛ und 1/16 l warmes Wasser (so viel, daß ein dickflüssiger Brei entsteht)

Praktisch säuert jeder Brei, ob aus Roggen- oder Weizenmehl, wenn er zwei bis drei Tage zugedeckt im Warmen steht. Als Gefäß eignet sich gut ein hohes Glas mit Schraubverschluß.

oder *50 g Weizenmehl, Type 405 (aus dem Reformhaus)*
50 g Weizenbackschrot, Type 1700
⅛ l warmes Wasser
1 Schuß Buttermilch

Bayerisches Bauernbrot aus Oberbayern, schwäbische Sprachgrenze

700 g Roggenmehl, Type 1370
300 g Weizenmehl, Type 550
(beide aus dem Reformhaus)
50 g Sauerteig (Restteig)
¼ Würfel Preßhefe
gut ½ l warmes Wasser
4 TL Salz
1 EL ganzer Kümmel
1 EL grob gemahlener Fenchel
1 EL fein gemahlener Koriander

Am Tag vor dem Backen wird das Mehl in eine Schüssel gesiebt, gut vermengt und in der Mitte vertieft. In diese Grube legt die Bäuerin den Restteig und weicht ihn mit einem Teil des Wassers auf. Sie „vermanscht" ihn mit der Hand, wobei auch etwas Mehl unter den Teig gemengt wird. So entsteht ein „Dampfl", das über Nacht in der zugedeckten Schüssel im Warmen arbeiten muß. Am nächsten Morgen wird die zerbröselte Hefe in einer halben Tasse Wasser aufgelöst und unter das „Dampfl" gerührt, das daraufhin noch einmal (etwa eine halbe Stunde) gehen muß. Danach gießt man die restliche Wassermenge zu dem „Dampfl", streut Salz und die Gewürze auf das Mehl und vermengt alles von der Mitte her gut miteinander. Dieser Teig wird nun geknetet, bis er „von den Händen fällt". Man formt runde Laibe, knetet jeden noch einmal kurz durch und setzt sie auf ein bemehltes Brett, wo der Teig noch einmal gehen muß. Danach setzt man die Laibe auf ein bemehltes Blech. Vor dem Einschießen werden sie mit lauwarmem Wasser abgestrichen und mit einer Gabel verziert. Die Backdauer beträgt eineinhalb Stunden bei mittlerer Hitze.

Dieses Bauernbrot habe ich als besonders schmackhaft in Erinnerung. Die Erklärung der Bäuerin: Das komme vom Quellwasser (das direkt vor der Haustür in einem Brunnentrog aufgefangen wird). Ganz sicher spielt das Wasser eine gewisse Rolle. Das Paderborner Brot zum Beispiel soll seine Güte und Berühmtheit dem dortigen – harten – Wasser verdanken: Das wasserhärtende Kalzium stützt den Teig, es verfestigt den Kleber (natürlich nur, wenn auch oder nur Weizenmehl verwendet wird!) Es ist also schon möglich, daß das besagte Quellwasser nicht nur einen Hauch von Romantik als Würze darstellt.

Die Bäuerin bäckt seit eh und je im Holzofen. Vor drei Jahren erst wurde der alte eiserne Etagenofen durch einen prachtvollen Ziegelofen ersetzt, der 24 Laibe faßt. Angeheizt wird mit „Daxprügeln" (Tannenzweigen), nachgelegt mit Fichtenscheiten. Wenn die Brotlaibe eingeschossen waren, wurde früher vor dem Schließen der Ofentür Weihwasser in den Ofen gespritzt. Das Brot ist so gut, daß der Bäcker im Nachbarort die Bäuerin überredet hat, ihr Hausbackenes gegen sein Bäckerbrot einzutauschen. Zweimal wurde getauscht, dann protestierte die Familie. Was im Haus gebacken wird, wird auch im Haus gegessen!

Hessisches Korbbrot

▷

1 kg Roggenmehl, Type 1370
(aus dem Reformhaus)
knapp 1 l warmes Wasser
80 g Sauerteig
5–6 TL Salz
2 EL Kümmel
½ Würfel Preßhefe

Am Abend vor dem Backen siebt man die Hälfte des Mehls in eine Schüssel, vermischt es mit dem warmen Wasser, mengt den Sauerteig darunter und verrührt alles zu einem sämigen Brei, der über Nacht zugedeckt warm gestellt wird. Am nächsten Tag kommen der Rest des Mehls, Salz, Kümmel und die zerbröckelte Hefe dazu. Alles wird zu einem festen Teig zusammengewirkt, der gut durchgeknetet und für zweieinhalb Stunden warm gestellt wird. Anschließend teilt man ihn und formt zwei runde Laibe, die in bemehlte Brotkörbchen gelegt werden, um für etwa eine Stunde zugedeckt ins Warme gestellt zu werden. Das Backrohr wird auf 250°C angeheizt. Wenn es die nötige Hitze hat, setzt man die Laibe mit dem Schluß nach unten auf ein bemehltes Backblech und läßt die „Teiglinge" noch einmal etwa eine halbe Stunde gehen. Dann setzt man das Blech auf die untere Schiebeleiste und bäckt das Brot bei 180°C eineinhalb Stunden. Ist die Zeit um, wäscht man die Laibe mit Wasser ab und läßt sie bei Nachwärme noch etwa fünf bis zehn Minuten im Rohr.
In der Familie, die dieses Rezept für mich aufschrieb, wird aus dem Teigrest, der für einen ganzen Laib nicht mehr reicht, ein „Kratzkuchen" gemacht (s. S. 73).

Nordostböhmisches Bauernbrot

Zum Ansetzen des Sauerteigs:
½ Tasse Weizenmehl, Type 405
½ Würfel Preßhefe
6 EL warmes Wasser

für den Brotteig:
1 kg Weizenmehl, Type 1050
(aus dem Reformhaus)
oder: Roggenmehl, Type 1370
oder Roggenmischmehl
(⅔ Roggen-, ⅓ Weizenmehl, Type nach Belieben)
¾ l warmes Wasser bei Weizenmehl,
bei Roggenmehl 1 l Wasser
3 EL Kümmel
3 schwach gehäufte TL Salz

Aus Mehl, zerbröckelter Hefe und Wasser wird ein dickflüssiger Brei zusammengerührt, den man zwei bis drei Tage zugedeckt im Warmen stehen läßt. Am Backtag siebt man das Mehl in eine Schüssel, gießt den Sauerteig und das warme Wasser dazu und verknetet alles sorgfältig miteinander. Auf ein Geschirrtuch streut man den Kümmel und zerkleinert ihn mit dem Nudelholz. Dann streut man auch das Salz auf das Tuch, mischt es gut mit dem Kümmel, legt den Teig darauf und knetet die Gewürze ein. Wenn der Teig zu kleben anfängt, bemehlt man das Tuch. Man bestreut den Teig mit Mehl und läßt ihn zugedeckt eine Stunde gehen. Danach formt man einen runden Laib, den man mit dem Schluß nach unten auf ein bemehltes Blech setzt und wieder (etwa eine halbe Stunde) zugedeckt gehen läßt. Vor dem Einschießen drückt man mit einem in Wasser getauchten Kochlöffelstiel drei Löcher in den Teig und streicht ihn mit lauwarmem Wasser ab. Der Laib wird eine Stunde bei 180°C auf der unteren Schiebeleiste gebacken.

Oberschlesisches Roggenbrot

1 dicke Scheibe Roggenbrot
½ Würfel Preßhefe
etwas warmes Wasser
1 kg Roggenmehl, Type 1370 (aus dem Reformhaus)
4 TL Salz
1–2 EL Kümmel
knapp 1 l warmes Wasser

Das hier wiedergegebene Rezept stammt von einer Steigerfamilie.

Drei Tage vor dem Backen wird eine Scheibe Roggenbrot fein zerbröselt und nebst der zerbröckelten Hefe mit etwas Mehl und so viel lauwarmem Wasser verrührt, daß ein suppiger Brei entsteht, der zugedeckt bis zum Backtag in der warmen Küche stehenbleibt. Am Tag vor dem Backen wird das Mehl in eine Schüssel gesiebt, eine „Dulle" in die Mitte gemacht, der inzwischen sauer gewordene Brei hineingeschüttet, Salz und Kümmel daraufgestreut. Der Brei wird mit etwas Mehl zu einem Vorteig verrührt, der über Nacht zugedeckt im Warmen aufgehen muß. Am Backtag gießt man das Wasser zu dem Vorteig und vermischt diesen nun von der Mitte her nach den Rändern mit der gesamten Mehlmenge. Der Teig soll sehr fest sein, wenn nötig, muß man noch etwas Mehl dazugeben. Er wird mit Mehl bestreut, zugedeckt und für einige Stunden an einen warmen Ort gestellt. Wenn er aufgegangen ist, formt man zwei Laibe, bestreut sie mit Mehl und legt sie auf ein bemehltes Blech, wo man sie noch einmal zugedeckt im Warmen rasten läßt. Die Laibe müssen deutlich an Volumen zugenommen haben, ehe man sie ins Rohr schiebt. Man bäckt sie auf der unteren Schiebeleiste bei 220° C 70 Minuten.

Vor der Einfahrt in die Grube gab es als kräftigendes Gericht einen „Žur" (polnisch und tschechisch „Sauerteig"): Ein Eßlöffel Sauerteig wurde mit ein wenig warmem Wasser zu einem Brei verrührt, dem man zwei Eßlöffel Schrotmehl (Roggenbackschrot) beimengte. In einem Suppentopf brachte man einen halben Liter Wasser oder besser Selchbrühe zum Kochen und quirlte den Sauerteigbrei hinein. Nach Bedarf wurde nachgesalzen und gepfeffert. Gewürfelter Speck oder Selchfleischstücke sollten in der Suppe schwimmen! Besonders gut soll sie zu Stampfkartoffeln geschmeckt haben.

Niederösterreichisches Landbrot aus Elzen

1 kg Roggenmehl, Type 1370 (aus dem Reformhaus)
100 g Sauerteig (Restteig)
knapp 1 l warmes Wasser
½ Würfel Preßhefe
7 TL Salz
5 TL Kümmel
3 TL Anis
3 TL Fenchel
etwas Milch zum Abstreichen der Brote

Am Vorabend wird die Hälfte des Mehls in eine Schüssel gesiebt, der Sauerteig mit dem Wasser verdünnt, die Hefe hineingebröselt und dieses Sauerteig-Hefe-Gemisch mit dem Mehl gut vermengt. Dieser Vorteig ist ziemlich flüssig. Er bleibt über Nacht zugedeckt im Warmen stehen. Am nächsten Morgen werden Salz und die übrigen Gewürze zum Vorteig gerührt, die andere Hälfte des Mehls dazugesiebt und alle Zutaten zu einem glatten Teig vermengt, der gut durchgeknetet wird. Er muß anschließend eine Stunde im Warmen zugedeckt gehen. Dann wird der Teig geteilt und zu je einem runden Laib geformt. Die Laibe werden in bemehlte Strohschüsseln gelegt, in denen sie noch einmal eine Stunde gehen müssen. Nach einer halben Stunde wird das Backrohr bei 250° C angeheizt. Ist die Stunde vergangen, legt man die Laibe (ohne sie zu stürzen!) auf ein bemehltes Backblech, streicht sie mit Milch ab und stellt das Blech auf die unterste Schiebeleiste im Rohr. Nach etwa fünf Minuten drosselt man die Hitze auf 200° C, nach weiteren 15 Minuten auf 180° C und bäckt die Brote für weitere 50 Minuten, damit sie eine kräftige Rinde bekommen.

Schwäbischer Bauernlaib von der Schwäbischen Alb

100 g Sauerteig (Restteig)
etwa ½ l und ⅛ l warmes Wasser
½ Würfel Preßhefe
4 mittelgroße gekochte und durch den Wolf gedrehte Kartoffeln
1 kg Weizenmehl, Type 550 (aus dem Reformhaus)
etwa 6 gestrichene TL Salz

Am Vorabend des Backtages wird der Sauerteig mit einem Achtelliter warmen Wassers und der zerbröckelten Hefe gut verrührt, so daß keine Klumpen zurückbleiben. Am selben Abend kocht man noch die Kartoffeln und schält sie. Der Vorteig bleibt über Nacht zugedeckt in der warmen Stube stehen. Am Backtag wird das Mehl in eine Schüssel gesiebt, die Kartoffeln werden durch den Wolf gedreht (oder fein gerieben) und unter das Mehl gemischt. Im Rest des Wassers löst man das Salz auf und gießt es nach und nach an das Mehl. Alles wird gut vermengt und geknetet, bis sich der Teig von der Schüssel löst. Mit Mehl bestreut, bleibt er zugedeckt für zwei Stunden im Warmen stehen. Ein runder Laib wird geformt, der mit dem Schluß nach oben auf das bemehlte Backblech gesetzt wird. Er muß noch einmal etwas aufgehen und wird dann eingeschossen. Gebacken wird auf der unteren Schiebeleiste bei 250° C. Nach zehn Minuten wird die Hitze auf 200° C gedrosselt. Backdauer: etwa 70 Minuten.
Auf der Schwäbischen Alb gibt es in vielen Orten einen Gemeindebackofen, der mit Holz geheizt wird. Zum Heizen braucht man 40 bis 50 Büschel Reisig. Da der Ofen über den Sonntag auskühlt, braucht natürlich der, der am Montag als erster bäckt, mehr Holz als die übrigen. Deshalb wird gelost – das nennt man hier „Bachaziagn" –, wer zu Beginn der Woche die zehn Bündel Reisig mehr investieren muß, die für das Anheizen notwendig sind.
In Sonderbuch gibt es eine von der Genossenschaft angestellte Backmeisterin, die den Ofen (in diesem Fall ein Elektro-Ofen) bedient und die von den Bäuerinnen gebrachten Brote bäckt. Damit es keine Verwechslungen gibt, wird jeweils ein Zettelchen mit dem Familiennamen vor dem Einschießen auf den Brotlaib gedrückt. Manch einer wird beim Durchlesen des obigen Rezeptes vielleicht befremdet zur Kenntnis genommen haben, daß der Teig mit Kartoffeln vermengt wird. Spricht man die Bäuerinnen darauf an, so reagieren manche verlegen, manche versichern aber, daß das Brot so viel lockerer wird und vor allem viel länger frisch bleibt. Man trifft dieses mit Kartoffeln gestreckte Landbrot im Schwäbischen häufig an. Nicht nur dort, sondern auch in Siebenbürgen kannte man Kartoffelbrot (s. S. 63).

Zsambrot aus dem Bayerischen Wald

▷

Teig I
500 g Weizenmehl, Type 550 (aus dem Reformhaus)
50 g Sauerteig (Weizensauer, s. S. 49)
(½ Würfel Preßhefe)
2 gestrichene TL Salz
¼ l warmes Wasser (oder Buttermilch)

Teig II
500 g Roggenmehl, Type 1370 (aus dem Reformhaus)
100 g Sauerteig (Roggensauer, s. S. 49)
(¼ Würfel Preßhefe)
2 gestrichene TL Salz
knapp ½ l warmes Wasser (oder Buttermilch)

Das Zsambrot, das man (in Analogie zum Marmorkuchen) auch Marmorbrot nennen könnte, wurde, wie mir eine Bäuerin in Dirnberg erzählte, bis etwa 1915 gebacken, und zwar aus ganz hellem und ganz dunklem Roggenmehl. Man machte zwei separate Teige, die man dann zusammenwirkte. Im Anschnitt sah das Brot marmoriert aus. Es war übrigens ein reines Sauerteigbrot, nur wenn der frisch angesetzte „Urer" (Sauerteig) halt gar nicht gehen wollte, setzte man ihm etwas Hefe zu, erinnert sich die Bäuerin.
Da es unter Umständen heute schwer ist, das entsprechende Mehl zu bekommen, mußte dieses Rezept etwas geändert werden, damit das Brot wenigstens optisch dem echten Zsambrot entspricht.

Bei beiden Teigen wird auf die gleiche Weise verfahren. Am Vorabend wird das Mehl in je eine Schüssel gesiebt und warm gestellt. Der Sauerteig wird mit etwas Wasser oder Buttermilch verdünnt und mit wenigen Eßlöffeln Mehl zu einem dicken Brei verrührt, der eine Stunde zugedeckt an einem warmen Ort abgestellt wird. Dann macht man eine Vertiefung ins Mehl und gibt den Vorteig samt Wasser (oder Buttermilch) hinein, das Salz verteilt man auf der Mehloberfläche. Von der Mitte zum Rand hin wird alles zu einem Teig verarbeitet, der bemehlt und zugedeckt über Nacht warm gestellt wird. Am nächsten Morgen wird der Weizenteig auf bemehlter Unterlage fünf Minuten geknetet. Sollte der Roggenteig zu feucht sein, mengt man noch etwas Mehl dazu. Dann werden beide Teige zusammengewirkt, indem man jeweils ein Stück vom einen und eines vom anderen Teig aufeinanderpreßt, ohne die Teigstücke abzureißen. Hat man schließlich einen einzigen Teigklumpen, formt man einen runden Laib daraus, hebt ihn mit dem Schluß nach unten auf ein bemehltes Blech und läßt ihn etwa eine halbe Stunde zugedeckt im Warmen gehen. Dann streicht man ihn mit Wasser ab und bäckt ihn bei 200°C auf der unteren Schiebeleiste etwa 80 Minuten.
Aus dem gleichen Teig macht man im Bayerischen Wald Zennzelten (s. S. 72).

„Hausgebackenes“ aus der Jachenau

100 g Sauerteig (996Restteig)
⅛ l warmes Wasser
½ Würfel Preßhefe
700 g Roggenmehl, Type 1370 (aus dem Reformhaus)
200 g Weizenmehl, Type 550
100 g Gerstenmehl (muß vermutlich durch Weizenmehl, Type 550, ersetzt werden)
7 TL Salz
2 EL Kümmel
1 gehäufter EL Koriander
¾ l warmes Wasser

Die Mehlmengen entsprechen ungefähr dem Mischungsverhältnis des Mischmehls, das die Bäuerin bis 1969 in der Lenggrieser Mühle gekauft hat (bis dahin nämlich hat sie noch selber gebacken, es dann aber aus Zeitmangel aufgegeben).
Am Vorabend holte sie den Sauerteig, der im Sommer im Keller, im Winter in der „Speis“ in einem „Weigl“ aufgehoben wurde, weichte ihn mit einem Achtelliter warmen Wassers ein, rührte ihn glatt und ließ diesen Vorteig über Nacht zugedeckt in der warmen Küche stehen. Am Morgen bröckelte sie die Hefe dazu, siebte das Mehl in den Backtrog (für uns reicht eine Schüssel), mischte es mit Salz, Kümmel und Koriander, schüttete den Vorteig dazu sowie den Rest des Wassers und vermengte alles zu einem glatten Teig, den sie so lange knetete, bis er von den Händen fiel. Dann bestreute sie ihn mit Mehl, deckte ihn zu und ließ ihn eineinhalb Stunden in der warmen Küche gehen. Gleichzeitig heizte sie den Backofen ein. War der Teig gegangen, stach sie mit dem „Scherer“ (einem Instrument, das im übrigen beim Schmarrnbacken gebraucht wurde) die einzelnen Teigportionen ab und formte auf dem bemehlten Nudelbrett runde Laibe. Diese kamen zum nochmaligen Gehen auf ein langes bemehltes Brett. Vor dem Einschießen wurden sie mit der Messerspitze verziert und mit Wasser abgerieben.
Im freistehenden Backhäusl vor dem Haus befindet sich der gemauerte Holzofen, aus dem die Glut mit dem „Holzschober“ herausgeholt wurde. Mit einem „Wiesch“ aus „Daxen“ (Tannenzweigen) wischte man den Ofenboden sauber.
Zum Hausbackenen aß man am liebsten Surfleisch und Geräuchertes – auch selbst gemacht (das Backhäusl ist zugleich Räucherkammer und Waschküche!). Wenn das Brot aus dem Ofen war, reichte die Hitze noch, um Apfelschnitze und Zwetschgen darin zu dörren.
Die Jachenauer Bäuerin, die mir das Rezept verriet, betrachtet Brot noch immer als so kostbar, daß sie es vor dem Anschneiden mit drei Kreuzen segnet, die sie auf die Unterseite zeichnet. Wenn ein Kind heiratet, bekommt es einen Laib Brot mit, damit es in der Fremde möglichst vom Heimweh verschont bleibt.

Brote aus reinem Sauerteig

Der erfolgreiche Umgang mit reinem Sauerteig setzt Erfahrung und bestimmte Umweltbedingungen voraus, die nicht überall gegeben sind. Brotteig mit „Sauer" braucht, um „gehen" zu können, eine hohe Luftfeuchtigkeit, viel Wärme (über 20° C) und mehr Zeit als Hefeteig. Da die Gärungstätigkeit des Sauerteigs viel schwächer ist als die eines Hefeteigs, kommt es besonders darauf an, daß der Sauerteig sehr sorgfältig und gleichmäßig in der Teigmasse verteilt wird. Wenn Bäuerinnen ihren Teig lange kneten, hat das aber noch eine andere Wirkung: Er wird durch und durch warm – und Wärme ist ja für die Gärung nötig.
Da unsere Räume – vor allem im Winter bei Zentralheizung – viel zu trocken sind, muß man also zusätzlich für Feuchtigkeit sorgen. (Bäcker haben für den Gärprozeß eigene Garschränke mit einer Luftfeuchtigkeit von siebzig Prozent!) Entweder durch einen Luftbefeuchter oder indem man Wasser in einem großen Topf auf dem Herd verdampfen läßt und den „auf Gare stehenden" Teig in die Nähe rückt. Wenn alles nichts hilft (was selbst erfahrenen Bäuerinnen mitunter passiert ist), kann man entweder von seinem Plan, ein Laibbrot zu machen, Abstand nehmen und statt dessen einfach Flachbrot machen. Sollte der Teig für diesen Fall zu klebrig sein, muß man noch etwas Mehl darunterkneten, damit man ihn ausrollen kann. Eine andere Möglichkeit ist, dem Teig nachträglich etwas Hefe zuzusetzen, am besten, indem man zuerst aus Mehl, Wasser und zerbröckelter Hefe einen kleinen Teig macht, den man, wenn er sein Volumen verdoppelt hat, mit dem Brotteig gleichmäßig vermengt. (Diesen Teig läßt man dann noch einmal gehen.) Eine dritte Lösung wäre, den Teig zu fettgebackenem Kleingebäck zu verarbeiten. Rezepte finden sich auf den Seiten 68 bis 72. Im heißen Fett wird der Teig schließlich doch locker. Auf keinen Fall sollte man einen „Teigling" in die Backröhre schieben, der nicht aufgegangen ist. Er bleibt mit Sicherheit auch im Rohr „sitzen". Ist das Unternehmen dagegen geglückt, muß man das Brot „mit Schwaden schieben", wie der Bäcker sagt, das heißt, man muß zu Beginn des Backprozesses für Dampfentwicklung sorgen. Manche Bäuerinnen legen dazu einen nassen Lappen in den Backofen. Wir probieren es lieber, indem wir vorsichtig eine Tasse Wasser auf den Rohrboden gießen, wenn das Brot eingeschossen wird. Zugleich soll die Anfangshitze sehr hoch sein. Günstig ist es auch, vor dem Brot schon etwas anderes zu backen. Das Klima im Rohr ist danach brotfreundlicher! Wichtig ist auch, daß man den „Teigling" vor dem Einschießen mit Wasser abstreicht. Für den Anfang kann es übrigens eine Hilfe sein, wenn man Sauerteigbrot in einer Kastenform bäckt. Der Teig kann dann nicht zerlaufen, das heißt nicht nach den Seiten ausweichen: Er kann nur in die Höhe wachsen – natürlich auch wieder nur dann, wenn er vorher schon Anzeichen einer Gärung und Teiglockerung gegeben hat (zu erkennen am Volumenzuwachs). Aus einem Gipsbatzen wird kein Brot – auch nicht im Kasten.

Fränkisches Bauernbrot aus der Fränkischen Schweiz

▷

Die klassische deutsche Landschaft, in der traditionell aus reinem Roggenmehl und reinem Sauerteig Brot (und ein hervorragendes!) gebacken wird, ist die Fränkische Schweiz. Hier bauen die Bauern zu einem guten Teil ihr Brotgetreide auch noch selbst an.

100 g Sauerteig (Restteig)
1 kg Roggenmehl, Type 1370 (aus dem Reformhaus)
etwa 1 ¼ l warmes Wasser
4 TL Salz
2 EL Fenchel
1 EL Anis
3–4 EL Mohn zum Bestreuen

Am Vortag (zu Mittag) weicht man den Sauerteig mit etwas warmem Wasser ein, rührt ihn glatt und mengt zwei bis drei Löffel Mehl dazu. Man läßt den Teig einen halben Tag zugedeckt in der warmen Küche stehen. Das Mehl wird in einer Schüssel warm gestellt, wie alle Gegenstände, die mit dem Brotteig in Berührung kommen. Am Abend gießt man den Sauerteig und einen Viertelliter Wasser in die Mehlschüssel und verrührt die Flüssigkeit mit etwa einem Viertel der Mehlmenge. Dieser Vorteig bleibt über Nacht zugedeckt im Warmen stehen. Am nächsten Tag schüttet man den Rest des Mehls, des Wassers, Salz und Gewürze zum Vorteig und knetet den Teig sorgfältig durch. Man deckt ihn zu und läßt ihn eineinhalb Stunden gehen. Nun wird ein Laib geformt (im Original aus acht Pfund Teig!) und in die bemehlte Backschüssel gelegt. Man befeuchtet ihn mit warmem Wasser, damit er nicht rissig wird, und läßt ihn wiederum gehen. Dann hebt man ihn auf ein bemehltes Backblech, streicht ihn noch einmal mit warmem Wasser ab und bestreut ihn dicht mit Mohn. Das Backrohr wird eine halbe Stunde vor dem Einschießen auf der höchsten Hitzestufe angeheizt. Das Blech wird auf die unterste Schiebeleiste gesetzt (es wird wieder mit Schwaden geschoben) und etwa zehn Minuten bei 250° C angebacken, dann noch 60 Minuten bei 220° C.

Die Beschreibung der Teigherstellung entspricht im Prinzip sämtlichen Nachrichten aus der Fränkischen Schweiz. Eine kleine Variante bringen jeweils die verschiedenen Gewürze. Bei den einen sind es Kümmel und Anis, bei anderen Anis und Fenchel, oder auch nur Anis oder nur Kümmel. Allgemein herrscht großer Respekt vor dem Kneten, welches Arbeit der Bäuerin oder der Magd ist. („Beten, Kneten und Heutreten“ gehören nach Ansicht der Franken zu den schwersten Verrichtungen im bäuerlichen Alltag!) Da muß jeder Kubikzentimeter Teig durchpflügt werden – einen Pfennig muß man im Teig finden, wenn man richtig arbeitet, und das ist bei siebzig bis achtzig Kilogramm Masse keine Kleinigkeit! Fränkische Bäuerinnen sind im allgemeinen sehr „brotbewußt“ und in der Herstellung von reinem Roggensauerteigbrot bemerkenswert kundig. Sie wissen aber auch, daß das Gelingen des Brotes bei der Qualität der Zutaten anfängt. Vom Mehl hängt zum Beispiel schon eine ganze Menge ab, und ob das Mehl gut oder schlecht ist, kommt wieder ganz auf das Wetter an: „Die Sonne derscheint eher einen Laib als daß es in nassen Jahren einen derregnet.“ Der Vorstellung der Franken von der Reinheit der Zutaten entspricht die Tatsache, daß man gern – wenn irgend möglich – Quellwasser als Zuguß verwendet. Wer durch die Fränkische Schweiz reist, sollte es nicht versäumen sich umzuhören, wo es im Holzofen gebackenes Bauernbrot zu kaufen gibt, um dann (hoffentlich) festzustellen, daß mein Lobgesang auf den Frankenlaib nicht unangemessen ist.

Nordböhmisches Bauernbrot

Grundrezept
200 g Sauerteig (Restteig)
etwa 1 l warmes Wasser
1 kg Roggenmehl, Type 1370 (aus dem Reformhaus)
4 gestrichene TL Salz

Am Vorabend wird der Sauerteig mit dem warmen Wasser aufgelöst – möglichst in einem hohen geräumigen Topf. (Der Backtrog, die „Bockdejse“, hatte in dieser Gegend die Form eines hohen Bottichs, mit nach oben leicht konisch verlaufender Wandung, eine Form, die den Gärprozeß begünstigen soll.) Dann siebt man so viel Mehl dazu, daß ein dicker Brei entsteht. Dieser Brei wird gut durchgerührt und über Nacht zugedeckt warm gestellt. In dieser Zeit werden die Säurebakterien wieder aktiv. Am nächsten Tag rührt man das Salz und die restliche Mehlmenge dazu und vermengt alle Zutaten sehr sorgfältig, am besten mit der Hand, denn die Körperwärme wirkt sich günstig auf die Teigtemperatur aus. Nach etwa zehn Minuten deckt man den Teig zu und stellt ihn warm, bis er deutlich an Volumen zugenommen hat. Das kann ein oder zwei Stunden, aber ebensogut einen halben Tag oder mehr dauern. Wie schon gesagt, muß man auch dafür sorgen, daß die Luft im Raum genügend Feuchtigkeit enthält. Nachdem der Teig gegangen ist, formt man einen großen runden Laib, legt ihn mit dem Schluß nach oben in die bemehlte Strohschüssel und läßt ihn wieder eine Weile (in feuchtwarmer Luft) gehen. Dann stürzt man ihn vorsichtig auf ein bemehltes Backblech, streicht ihn mit Wasser ab und setzt das Blech auf die untere Schiebeleiste des sehr gut vorgeheizten Backrohrs (man sollte es eine halbe Stunde vorher auf der höchsten Hitzestufe angeheizt haben). Hat man, wie oben beschrieben, für den nötigen Dampf gesorgt, kann man die Ofentür zumachen (und zwar rasch, damit der Dampf nicht wieder entweicht). Man bäckt den Laib zunächst auf der höchsten Hitzestufe etwa zehn Minuten, drosselt dann auf 220°C und läßt das Brot noch weitere 70 Minuten im Rohr.

Schwiebuser Hausbrot

200 g Sauerteig (Restteig)
etwa 1 l warmes Wasser
800 g Roggenmehl, Type 1370, und 200 g Roggenbackschrot, Type 1800 (Reformhaus)
4 gestrichene TL Salz

Der Sauerteig wird mit einem Drittel des Wassers aufgelöst und glattgerührt. Dann siebt man so viel Roggenmehl dazu, daß ein suppiger Brei entsteht. Diesen läßt man etwa drei Stunden zugedeckt im Warmen stehen. Danach mengt man das zweite Drittel des Wassers und diesmal so viel Roggenmehl dazu, daß ein „handfester“ Teig entsteht. (Von diesem Teig wird ein Stück bis zum nächsten Backtag aufgehoben. Dieser Teigrest bildet dann die Grundlage für den neuen Sauerteig.) Sind alle Zutaten gut vermischt, stellt man den Teig wiederum zugedeckt warm. Er sollte jetzt vier bis fünf Stunden rasten (oder auch über Nacht). Dann mengt man den Rest des Wassers, Salz und Roggenbackschrot dazu und verarbeitet alles zu einem mittelfesten Teig, der eine halbe Stunde rasten muß. Ist der Teig gegangen, formt man einen Wecken, schneidet die Oberfläche schräg ein, setzt den Wecken auf ein bemehltes Backblech und läßt ihn garen (gehen), bis er sichtbar gewachsen ist. Im gut vorgeheizten Rohr bäckt der Laib etwa 80 Minuten bei 200°C. (Es ist ratsam, auch hier wie beim vorhergehenden Rezept, bei hoher Anfangshitze und „Schwaden“ einzuschießen.)

Österreichische Störi

In österreichischer Mundart bedeutet *stere* Kraft, Stärke. Die Störi ist neben dem Kletzenbrot das traditionelle Weihnachtsgebäck in Oberösterreich und im angrenzenden westlichen Niederösterreich. Früher nahm man dazu ganz helles Roggenmehl, dann setzte sich mehr und mehr das Weizenmehl durch, denn je heller die Störi, desto besser. Als Lockerungsmittel dient durchweg Sauerteig. Eine Besonderheit ist der sehr geringe Salzzusatz – manche verzichten sogar ganz auf diese Würze. Dafür wird an anderen Gewürzen – Fenchel, Anis, Kümmel, Koriander und Piment – nicht gespart. Sie kommen in den Teig (manchmal mit Zimt und Nelken) und oft außerdem dicht gestreut auf den geformten Laib.

200 g Weizensauer
1½ kg Weizenmehl, Type 550 (aus dem Reformhaus)
2 TL Salz
etwa 1¼ l warmes Wasser
2 EL gemahlene Gewürze, nach Belieben (s. o.)
etwas Milch zum Abstreichen
5 EL ganzes Gewürz nach Geschmack zum Bestreuen

Der Sauerteig wurde nach altem Brauch am Thomastag (21. Dezember) angesetzt oder der Restteig aufgefrischt. Diese lange Teigführung (das Störibrot wird erst kurz vor dem Heiligen Abend gebacken) hat ein besonders volles Teigaroma zur Folge. Man kann sich also ruhig diesem Brauch anschließen und zwei Tage vor dem Backen (es muß ja nicht der Thomastag sein) den Sauerteig herstellen: In ein Glas mit Schraubverschluß füllt man einen Achtelliter warmen Wassers und verquirlt es mit 50 Gramm Weizenmehl der Type 1050 (aus dem Reformhaus). Man verschließt das Glas und stellt es warm. Am nächsten Tag verdünnt man den Brei mit wiederum einem Achtelliter warmen Wassers und quirlt dieselbe Menge Mehl wie am Vortag hinein. Das verschlossene Glas wird über Nacht warm gestellt. Will man einen Restteig verarbeiten, verfährt man ähnlich: Zwei Tage vor dem Backen weicht man den Teig ein und verdünnt ihn (100 g Teig mit gut 1/16 l Wasser), rührt dann jedoch gleich wieder ein wenig Mehl dazu. Über Nacht wird er zugedeckt warm gestellt, am nächsten Tag wiederholt man dieselbe Prozedur. Am dritten Tag kann man sich ans Hauptwerk machen.
Man erwärmt das Mehl in einer Schüssel und macht eine Vertiefung in die Mitte, in die man Sauerteig, Wasser und Gewürze gibt. Nach und nach wird die Flüssigkeit mit dem Mehl vermengt. Dieser Weizensauerteig muß gut geknetet werden (etwa 15 Minuten), denn hier geht es nicht wie bei Roggenmehl nur um die gründliche Vermengung aller Zutaten, sondern darum, daß der Weizenkleber seine netzartige Struktur aufbauen kann. Dann bestreicht man den Teig mit warmem Wasser und stellt ihn einige Stunden warm. Wenn er gegangen ist, hebt man ihn auf eine bemehlte Arbeitsfläche und formt einen runden Laib, der auf dem bemehlten Blech (das nicht kalt sein sollte) wieder etwa eine Stunde rasten soll.

Entsprechend seiner besonderen Stellung unter den Weihnachtsspeisen (das Störibrot, bis zu einem halben Meter im Durchmesser, wurde als heilig betrachtet) wurde die Störi verziert: entweder mit gitterartigen Einschnitten auf der Unterseite oder mit verschiedenen Mustern, die man mit Kartoffelstempeln vor dem Backen auf die Oberseite des Laibes drückte.
Wenn der Laib genügend gegangen ist, bestreicht man ihn mit der Milch und bestreut die Oberfläche dicht mit den Gewürzen. Auf der unteren Schiebeleiste bäckt man ihn mit „Schwaden" zunächst zehn Minuten auf der höchsten Hitzestufe, dann noch 80 Minuten bei 160°C.

Egerländer Landbrot

1 l warmes Wasser
4 gestrichene TL Salz
100 g Sauerteig (Restteig)
1 kg Roggenmehl, Type 1370 (aus dem Reformhaus)
2 Messerspitzen Kardamom
2 EL Kümmel
1 EL Anis (im Teig oder auf den geformten Laib gestreut)
etwas in Wasser verquirltes Stärkemehl zum Abstreichen der Brote

Am Vorabend löst man das Salz in der Hälfte des Wassers auf. Der Sauerteig wird in einem hohen Gefäß mit dem Wasser verrührt und über Nacht zugedeckt warm gestellt. Am nächsten Morgen rührt man den Rest des Wassers, die Gewürze und so viel Mehl zum Vorteig, daß ein mittelfester, fließender Teig entsteht, der nun geknetet und zugedeckt für drei Stunden warm gestellt wird. Wenn sich jetzt bei einer „Fingerprobe“ die Teigdelle sofort wieder schließt, ist der Teig genug gegangen. Nun wird der Teig noch einmal geknetet, wobei man etwas von dem restlichen Mehl einarbeitet. Eine Strohschüssel wird mit Mehl ausgestaubt, ein runder Laib geformt und in der Strohschüssel wieder für eine Stunde warm gestellt. Danach knetet man den Teig ein letztes Mal durch, indem man den Rest des Mehls dazugibt, legt ihn als runden Laib wieder in die bemehlte Strohschüssel und läßt ihn noch eine Stunde gehen. Dann endlich kann eingeschossen werden. Der Laib wird mit warmem Wasser abgestrichen, gegebenenfalls mit Kümmel und Anis bestreut, auf ein bemehltes Blech gehoben und auf der unteren Schiebeleiste bei 250°C etwa zehn Minuten angebacken. Dann bäckt man ihn bei 220°C noch weitere 70 Minuten. Nach dem Ausschießen streicht man das Brot mit dem einmal aufgekochten Stärkemehlwasser ab.

In der Familie, von der dieses Rezept stammt, verband sich mit dem Brotbacken ein strenges Brauchtum. Keine hausfremde Person durfte sich am Backen beteiligen (es war Sache der Hausfrau, die Männer halfen beim Kneten). Die Bäuerin begann ihr Werk mit einem „Mit Gott!“ Die Zahl drei spielte bei fast allen Vorgängen eine Rolle: Mit drei Kerzen oder Kienspänen macht man eine „Gärprobe“; man hob den Deckel des Teigkübels ein wenig und steckte die brennenden Kerzen in den Kübel. Wenn das Licht erlosch, war der Sauerteig ausreichend gegoren. Jeder Laib wurde vor dem Einschießen dreimal mit dem Finger eingedrückt.

Holledauer Wecken aus Wolnzach Markt

1½ kg Roggenmehl, Type 1370 (aus dem Reformhaus)
200 g Sauerteig (Restteig)
etwa 1½ l warmes Wasser
3 gestrichene EL Salz
2 EL Fenchel
1 EL Piment

Das Mehl wird am Vorabend in eine Schüssel gesiebt und vorgewärmt, der Sauerteig mit ein wenig warmem Wasser verdünnt, glattgerührt und in eine Mulde mit Mehl gegossen. Über Nacht bleibt dieser Vorteig zugedeckt in der warmen Küche stehen. Am nächsten Morgen (um vier Uhr!) wird der Vorteig, das „Dampfl“, mit dem angewärmten Wasser vermengt und sorgfältig mit dem Mehl zu einem knetbaren Teig verarbeitet. Bevor man zu kneten anfängt, gibt man Salz, Fenchel und Piment zum Teig und bearbeitet diesen etwa zehn Minuten. Danach muß er bemehlt und zugedeckt zwei bis drei Stunden im Warmen stehen. Wenn er schön gegangen ist, teilt man ihn und formt auf einer bemehlten Arbeitsplatte zwei längliche Wecken (im Original wogen die fertigen Wecken ungefähr sieben bis acht Pfund!), die mit dem Schluß nach unten auf das bemehlte Backblech gehoben werden und mindestens eine Stunde zugedeckt gehen müssen. Vor dem Einschießen werden sie mit Wasser abgestrichen und mit einem Beserl „gestupft“. – In Wolnzach Markt wurden die Wecken auf einem Brett (zugedeckt) mit der Schubkarre zum Bäcker gefahren. Wir backen unser Holledauer 70 Minuten im Elektro-Ofen bei 220°C auf der unteren Schiebeleiste.

Siebenbürger Bauernbrot

Daß das Brotbacken nicht unbedingt ein reiner Spaß war, zumal dann, wenn man sich mit 70 bis 80 Kilogramm Teig abplagen mußte, läßt ein Siebenbürger Sprichwort ahnen: „Wenn die Frauen waschen und backen, sitzt ihnen der Teufel im Nacken." Dagegen haben wir es leicht – bei den geringen Mehlmengen, die wir verbacken.

200 g Sauerteig (Restteig)
etwa ¾ l warmes Wasser
300 g gekochte, geschälte und fein geriebene oder durch den Wolf gedrehte Kartoffeln
1 kg Weizenmehl, Type 1050 (aus dem Reformhaus)
5 gestrichene TL Salz

Zwei Tage vor dem Backen löst man den Sauerteig mit einem Achtelliter des Wassers auf und rührt ihn glatt. Dann läßt man ihn zugedeckt bis zum anderen Tag stehen. Am Vortag des Backtages kocht man die Kartoffeln, läßt sie auskühlen und behandelt sie in der nebenstehend angegebenen Weise. Am Abend vermengt man etwa die Hälfte der Kartoffeln mit dem Sauerteig und stellt dieses Gemenge über Nacht zugedeckt warm. Am Backtag endlich gießt man den Rest des Wassers zum Vorteig, rührt kräftig um, setzt dann die restlichen Kartoffeln, Salz und das Mehl zu und knetet den Teig zehn Minuten kräftig durch. Mit Mehl bestreut und zugedeckt, bleibt der Teig zwei Stunden an einem warmen Ort stehen. (In der Familie der Bäurin, von der dieses Rezept stammt, wurde der Backtrog in eine dicke Decke gepackt. Vorher wurden aber noch drei Kreuze in den Teig gezeichnet, damit er auch ja aufging – ein sehr weitverbreiteter Brauch.)

Ist der Teig schön gegangen, formt man einen runden Laib, setzt ihn auf ein bemehltes Blech und läßt ihn noch einmal etwa eine halbe Stunde gehen. Dann streicht man ihn mit warmem Wasser ab und setzt ihn auf die untere Schiebeleiste. Man bäckt ihn zehn Minuten bei 250°C, dann bei 200°C noch 70 Minuten.

In Siebenbürgen hatte jede Bäuerin den Ehrgeiz, ein besonders „gesundes und kräftiges Brot" auf den Tisch zu bringen. Man aß sehr viel Brot, praktisch zu allen Mahlzeiten (besonders gern zu Gulasch!). Solange es frisch war, schlug man mit dem Messer die knusperige Kruste rundherum ab.

Aus dem restlichen Teig wurden im Sommer die Krautbrötchen (s. S. 74) gemacht.

Eine andere Siebenbürgerin verriet mir ein Rezept für Griebenkuchen, der aus dem übrigen Brotteig gebacken wurde (s. S. 82).

Die Kartoffeln halten das Brot länger frisch, was bei reinem Weizenbrot besonders wichtig ist.

Oberpfälzer Bauernbrot aus dem Oberpfälzer Wald

▷

An jedem Backtag hob die Bäuerin etwas Teig, so groß wie „ein kleiner Laib", in einem hohen Holztopf auf (später in einem innen glasierten Steintopf). Der Deckel hatte ein Loch, in dem der Rührlöffel steckte. Zwei bis drei Tage vor dem Backen wurde der Restteig mit warmem Wasser verdünnt, später kam etwas Roggenmehl dazu, so daß sich ein sämiger Brei ergab, der von Zeit zu Zeit umgerührt wurde. Den Deckel brauchte man dabei nicht zu lupfen, da der Löffelstiel ja durch das Loch im Deckel guckte.

100 g Restteig
knapp ¾ l warmes Wasser
700 g Roggenmehl,
Type 1370
(aus dem Reformhaus)
3 gestrichene TL Salz
2 EL ganzer Koriander
2 EL ganzer Fenchel
1 EL ganzer Kümmel

Man verdünnt den Restteig mit einem Achtelliter Wasser und rührt dann einige Eßlöffel Mehl hinzu. Diesen Brei läßt man zugedeckt im Warmen stehen (ein Tag genügt). Am Tag vor dem Backen mischt man Salz und die übrigen Gewürze zum Vorteig und vermengt diesen mit dem Wasser und dem Mehl. Sind alle Zutaten gut gemischt, bestreut man den Teig mit Mehl, deckt ihn zu und läßt ihn über Nacht im Warmen stehen (wieder zugedeckt). Am nächsten Morgen wird der Teig etwa zehn Minuten geknetet. Fließt er, so mengt man zusätzlich Mehl darunter, bis er die Form behält. Mit Mehl bestreut und zugedeckt, muß der Teig nun noch einmal gehen (etwa zwei Stunden). Danach formt man einen Laib, den man mit dem Schluß nach unten in eine bemehlte Strohschüssel legt. Man läßt ihn wiederum eine halbe Stunde gehen, hebt ihn, ohne ihn zu stürzen, auf das bemehlte Blech und streicht die Oberfläche vor dem Einschießen mit warmem Wasser ab. Man heizt das Rohr bei 250°C vor und gießt vorsichtig kurz vor dem Einschießen einen Schöpflöffel Wasser auf den Rohrboden. Gebacken wird etwa 70 Minuten bei 200°C.
In dem Dorf, in dem nach diesem Rezept gebacken wude, teilte man nicht nur den Backofen mit dem Nachbarn, sondern auch das Brot. So hatte man häufiger frisches Brot. Am meisten Brot aß man zur „weißen Suppe", von der es zwei Ausführungen gab. Die „gewöhnliche weiße Suppe" bestand aus kochendem Wasser, Salz und Roggenmehl, das vor dem Einkochen mit Milch verquirlt wurde. Abgeschmeckt wurde die Suppe mit saurer Sahne. Die andere Version nannte sich „saure Suppe" und wurde so hergestellt: Man brachte Salzwasser zum Kochen, verquirlte Roggenmehl in Buttermilch, goß diesen Mehlbrei unter Rühren in das Wasser, ließ die Suppe aufkochen und verfeinerte sie mit süßer Sahne. Das Brot schnitt man sich in die eine oder andere Suppe. Die Bäuerin hatte übrigens den Ehrgeiz, schöne gleichmäßige Schnitten über den ganzen Laib zu schneiden. (Über die oberbayerische Methode, nur bis zur Mitte zu schneiden, so daß sich dort ein Grat bildete, hätte sie nur die Nase gerümpft!) – Im Sommer, wenn der Vater außer Haus arbeitete, gab es für ihn als Proviant in Brotteig gebackenes schwarzgeräuchertes Wammerl (s. S. 78). Übrigens: Hier kannte man auch Schoarnbladln (s. S. 76).

Ammergauer Bauernwecken

1½ kg Roggenmehl, Type 1370 (aus dem Reformhaus)
100 g Sauerteig (Restteig)
etwa 1½ l warme Milch
3 gestrichene TL Salz
2 El gemahlener Kümmel
2 EL gemahlener Brotkleesamen
1 reichliche Messerspitze gemahlener Piment

Am Tag vor dem Backen mischt man das Mehl sorgfältig, löst den Restteig in einem Achtelliter warmer Milch auf und rührt so viel Mehl dazu, daß es einen dickflüssigen Brei ergibt. Diesen bestreut man mit Mehl und läßt ihn über Nacht an einem warmen Ort stehen. Am Backtag siebt man das Mehl in eine Schüssel, schüttet den Vorteig in die Mitte, streut Salz und die übrigen Gewürze darauf und gießt den Rest der Milch dazu. Die Milch wird zunächst mit dem Vorteig gut vermengt und dieser wiederum nach und nach mit der gesamten Mehlmenge. Der Teig wird jetzt geknetet, bis er nicht mehr an den Händen klebt, mit Mehl bestreut und zugedeckt für drei bis vier Stunden ins Warme gestellt. Hat er dann deutlich mehr Volumen, hebt man ihn auf eine bemehlte Arbeitsplatte und teilt ihn. Jede Teighälfte wird noch einmal kurz durchgeknetet. Hat man für so viel Brotteig auf einmal keine Verwendung, friert man die eine Hälfte ein. Aus dem Rest formt man einen länglichen Wecken, der mit dem Schluß nach unten auf ein bemehltes Backblech gelegt wird. Man befeuchtet ihn mit lauwarmem Wasser und stellt ihn für etwa eineinhalb Stunden in das lauwarme Backrohr. Dann nimmt man das Blech heraus, heizt das Rohr auf der höchsten Hitzestufe an, drosselt nach 20 Minuten auf 250°C, stellt eine (möglichst flache) Schale mit Wasser ins Rohr oder gießt vorsichtig etwas Wasser auf den Rohrboden, reibt den Wecken noch einmal naß ab und stellt das Blech auf die untere Schiebeleiste. Die Backdauer beträgt eineinhalb Stunden bei 200°C.

Niedersächsisches Gersterbrot aus Dudensen

1 kg Roggenmehl, Type 1370 (aus dem Reformhaus)
50 g Restteig
etwa 1 l warmes Wasser
4 gestrichene TL Salz

Am Vorabend siebt man das Mehl in eine Schüssel und stellt es warm. Der Restteig wird mit dem Wasser verdünnt, glattgerührt und in eine Vertiefung im Mehl gegossen. Danach verrührt man etwa ein Drittel des Mehls mit dem Sauerteig (der Teig wird „angemengt"). Diesen Vorteig bestreut man mit Mehl und stellt ihn über Nacht zugedeckt ins Warme. Am nächsten Tag streut man das Salz auf den Teig und vermengt nach und nach den Vorteig mit der gesamten Mehlmenge. Der Teig soll jetzt so fest sein, daß man ihn kneten kann. Auf einer bemehlten Unterlage teilt man ihn in zwei Teile („Wölter"), die einzeln gut durchgeknetet werden. Wenn der Teig nicht mehr klebt, formt man zwei längliche Wecken, die zugedeckt zwei Stunden im Warmen gehen müssen.

Wer über einen richtigen Backofen verfügt, kann sich nun an das Originalrezept halten und so verfahren: Die Wecken werden auf ein bemehltes Brett aus Eschenholz gelegt und bei sehr hoher Hitze „gegerstert", das heißt, kurz angebacken – nur so lange, bis sie eine dünne Kruste bekommen haben. Dann werden sie aus dem Ofen geholt, mit Wasser abgestrichen und viermal quer zur Längsachse eingeschnitten. Das „Gerstern" verleiht dem Brot einen charakteristischen Geschmack, denn durch die scharfe Anfangshitze schließt sich die Porung der Oberfläche rasch. Nun setzt man die Wecken auf ein bemehltes Blech und bäckt sie (im Elektro-Backrohr auf der unteren Schiebeleiste) etwa eine Stunde bei ungefähr 200°C.

Donauschwäbisches Bauernbrot aus der Batschka

1 kg Weizenmehl, Type 1050 (aus dem Reformhaus)
200 g Weizensauer (s. S. 61)
etwa ¾ l warmes Wasser
4 gestrichene TL Salz

Auch dieses Brot war ein Sauerteigbrot mit Weizenmehl. Am Vortag wird das Mehl in eine Schüssel gegeben und erwärmt. Der Sauerteig wird mit etwa einem Achtelliter warmen Wassers verdünnt und glattgerührt, in eine Vertiefung im Mehl gegossen und mit ein wenig Mehl zu einem dickflüssigen Brei verrührt. Dieser Vorteig wird über Nacht zugedeckt warm gestellt. (Original wurde ein „Leiterchen" über den Backtrog gelegt, darüber kam ein weißes Tuch und dann, damit sich der Teig ja nicht verkühlte, der Pelzmantel der Bäuerin. Trotzdem stand der Backtrog in der Nähe des Ofens.)
Am nächsten Morgen gibt man den Rest des Wassers und das Salz zum Vorteig und vermengt diesen mit dem Mehl zu einem nicht allzu festen Teig, den man etwa zehn bis fünfzehn Minuten kneten muß. Anschließend stellt man ihn für eine Stunde mit Mehl bestreut und zugedeckt warm. Wenn er dann an Volumen zugenommen hat, formt man einen Laib, der im bemehlten Backsimperl (Strohkörbchen) noch einmal gehen muß. Man legt ihn auf ein bemehltes Blech und klappt jetzt die eine Teighälfte über die andere! Vor dem Einschießen wird der „Teigling" mit warmem Wasser abgestrichen. Gebacken wird auf der unteren Schiebeleiste (mit Schwaden!) bei hoher Anfangstemperatur, nach etwa zehn Minuten drosselt man auf 220° C und läßt das Brot noch 70 Minuten im Rohr.
Der Teigrest reichte noch für Flammkuchen, Salzkuchen und Pfannkuchen (s. S. 69, 76, 77).
Mit Sauerteig backten die meisten Donauschwäbinnen nur bis zum Ende des Ersten Weltkriegs, danach verwendeten sie Hefe, die hier „Zeig" (= Zeug) hieß. Hier war auch das Bierhefebrot zu Hause (s. S. 36). Zu jeder Art Brot aß man viel Fleisch und Wurst – im Winter Preßsack, im Sommer rohen Schinken, Räucher- und Paprikaspeck, dazu Wein aus dem eigenen Keller! Brot galt als heilig. Eine Sünde war es, dürres Brot wegzuwerfen. „Brot schlagt den Bettelmann tot", „Wer schwarze Brotkruste ißt, bekommt rote Backen", sagte der Volksmund. Auf keinen Fall sollte man sich an den Spruch halten: „Wer schimmliges Brot ißt, bleibt gesund" – das Gegenteil kann sogar eintreffen. Inzwischen steht fest, daß solcher Schimmel toxische Stoffe entwickelt, die das Lebensmittel regelrecht vergiften, und zwar weit über den sichtbaren Schimmelherd hinaus.

Kleingebäck aus Brotteig

Dieses Kleingebäck ist von Laien besonders gut herzustellen. Man wird beim Durchlesen der Rezepte hier und da vielleicht über die Kombinationen überrascht sein. Als Belag nahmen die Bauern für solche Schleckereien (denn als solche galten Zelten, Brotkuchen oder Plätz) alles, was der eigene Keller bot: Rahm (süß und sauer), Eier, Zwiebeln, Knoblauch, Räucherspeck und Schinken, im Herbst auch Äpfel oder Pflaumen. Genaugenommen sind Zwiebel-, Speck- oder Brotkuchen (wie die Pizza) nichts anderes als Brot, bei dem der Belag gleich mitgebacken ist. Ganz frisch – möglichst noch warm – zu Wein, Bier oder Milch gegessen, stechen solche schlichten Schmankerln manches Feinkostbüfett aus.

IN FETT GEBACKEN

Dabei kommt es auf die richtige Temperatur (180° C) des Fettes an. Wer die Temperatur nicht messen kann, bäckt probeweise ein Teigstück. Der Teig muß sofort brutzeln, darf aber nicht zu schnell bräunen oder gar schwarz werden.

Topfennudeln aus Oberbayern

50 g Sauerteig
3/8 l warme Milch
250 g Weizenmehl, Type 550 (aus dem Reformhaus)
50 g Topfen (Quark)
1 gehäufter TL Salz
500 g Butterschmalz zum Ausbacken

Der Sauerteig wird am Vortag mit einem Achtelliter warmer Milch verdünnt und glattgerührt. Man mengt 100 Gramm Mehl dazu und läßt dieses „Dampfl" über Nacht zugedeckt im Warmen stehen. Am nächsten Tag gießt man den Rest der Milch dazu, mengt Topfen, Salz und das restliche Mehl unter den Teig, der anschließend fünf Minuten geknetet wird. Zugedeckt läßt man ihn zwei Stunden in der warmen Küche stehen und sticht dann mit einem Eßlöffel Teigportionen von der Größe eines mittelgroßen Apfels ab. Auf einer bemehlten Arbeitsplatte wird jeder Teil kurz durchgeknetet, mit der Hand flachgedrückt, mit etwas Mehl bestäubt und zugedeckt für etwa fünfzehn Minuten sich selbst überlassen. In einem geeigneten Gefäß (einer Fritierpfanne oder einem großen Topf) das Butterschmalz erhitzen und die Nudeln schwimmend auf beiden Seiten darin backen. Dabei darf das Schmalz auf keinen Fall zu heiß sein, damit die Nudeln nicht außen braun werden, bevor sie innen gar sind. Sie sollten ungefähr zehn Minuten auf jeder Seite backen. Wenn sie fertig sind, hebt man sie mit dem Schaumlöffel aus dem Topf und legt sie auf ein Löschblatt oder eine andere saugfähige Unterlage, damit das überflüssige Schmalz aufgesaugt wird.

Flammkuchen I

Als Teig wird ein Rest des Brotteigs (S. 36, Donauschwäbisches Bierhefebrot) genommen oder aus den gleichen Zutaten eine kleinere Menge Teig hergestellt. Die im Durchmesser etwa 30 cm großen Fladen werden mit Salz bestreut und mit geschabtem Knoblauch eingerieben. Mit dem Flammkuchen verwandt ist der ebenfalls in der donauschwäbischen Batschka beheimatete

Pfannkuchen aus Brotteig

Dieser Pfannkuchen hat nichts mit dem zu tun, was wir hierzulande darunter verstehen. Er wurde wiederum aus einem Rest Brotteig gemacht, der entweder mit Sauerteig oder Bierhefe hergestellt wurde. Der Teig wurde in kleine Stücke geteilt, die zu Quadraten (etwa 10 × 10 cm) flachgedrückt wurden. Die Mitte schlitzte man mit dem Messer (damit sich keine Blase bildete). Die in Schweineschmalz ausgebackenen Pfannkuchen aß man entweder blank oder mit Kümmel oder Senfkörnern bestreut. Man sollte das einmal ausprobieren, schon um die Erfahrung zu machen, daß Senfkörner nicht nur im landläufigen Senf oder in der Gurkenmarinade interessant schmecken. Damit das Gewürz nicht „davonrollt“, kann man es in der Gewürzmühle zerkleinern.

Bayerische Stichnudeln

50 g Sauerteig (Restteig)
½ l + ⅛ l warme Magermilch
500 Roggenmehl,
Type 1370
(aus dem Reformhaus)
1 Prise Salz
⅛–¼ l Milch und
50 g Butter zum Ausbacken

Am Vortag weicht man den Sauerteig mit etwas warmer Magermilch auf und läßt ihn über Nacht zugedeckt im Warmen stehen. Am nächsten Tag siebt man das Mehl in eine Schüssel, gibt die Prise Salz dazu und gießt den Sauerteig und die restliche Magermilch nach und nach unter Rühren zum Mehl. Alles wird zu einem mittelfesten Teig verarbeitet, der aber nicht fließen darf. Man sticht einzelne Teigportionen (jeweils so groß wie ein kleiner Apfel) ab, formt sie rund, bestäubt sie mit Mehl und läßt sie zugedeckt im warmen Raum eine Stunde gehen. In einer Kasserolle erwärmt man die Milch, die etwa ½ cm hoch den Boden bedecken soll, läßt die Butter darin schmelzen und legt die Stichnudeln so hinein, daß jeweils die eine an die andere locker angeschoben wird, bis die Kasserolle voll ist. Das Backrohr wird angeheizt und die Kasserolle zugedeckt auf die mittlere Schiebeleiste gestellt. Die Stichnudeln dämpfen nun etwa 40 Minuten bei 220°C und werden dann warm mit Vanillesauce, Kompott oder Dotschenbrühe (für Nichtbayern: Steckrübensuppe) gegessen.
Der in Mehlspeisen bewanderte Leser hat natürlich längst erkannt, daß die Stichnudeln nichts anderes sind als die Stammeltern der feineren (degenerierten) Hefedampfnudeln aus Weizenmehl.

Schuxen I aus dem Chiemgau

▷

200 g Roggenmehl, Type 1370
100 g Weizenmehl, Type 550
(beide aus dem Reformhaus)
3/8 und 1/16 l Magermilch
1/4 Würfel Preßhefe
1 gehäufter TL Salz
etwa 250 g Schweineschmalz

Das Mehl wird in eine Schüssel gesiebt und gut gemischt, die Milch angewärmt und die Hefe hineingebröckelt. Schwimmt die Hefe an der Oberfläche, streut man das Salz aufs Mehl und gießt die Milch dazu. Alles wird zu einem festen Teig verarbeitet, der etwa zehn Minuten geknetet werden muß. Dann stellt man ihn zugedeckt für eine Stunde an einen warmen Ort. Jetzt teilt man ihn in kleine Portionen (etwa von der Größe eines kleinen Apfels), die man auf einer bemehlten Arbeitsplatte mit dem Nudelholz zu länglichen, dünnen Fladen auswalkt. Man erhitzt das Schweineschmalz in einer Fritierpfanne und bäckt die Schuxen auf beiden Seiten goldbraun. Das Verfahren ist dasselbe wie bei den „Topfennudeln".

In dieser Familie wechselten die Roggenschuxen wöchentlich mit den „Lochnudeln" ab, die auf die gleiche Weise hergestellt wurden – nur nahm man dazu reines Weizenmehl.

Schuxen II aus Niederbayern

250 g Weizenmehl, Type 550
250 g Roggenmehl, Type 1370
(beide aus dem Reformhaus)
2 TL Salz
100 g Sauerteig
50 g Topfen (Quark)
knapp 1/2 l warme Milch
500 g Butterschmalz zum Ausbacken

Das Mehl wird in eine Schüssel gesiebt, gut gemischt und mit dem Salz vermengt. Der Sauerteig wird mit der Hälfte der Milch verdünnt und glattgerührt. Dieses „Dampfl" kommt in eine Mulde mit Mehl und bleibt über Nacht zugedeckt im Warmen stehen. Am nächsten Tag mengt man den Quark unter das „Dampfl", gießt den Rest der Milch dazu und vermengt alles mit dem Mehl zu einem mittelfesten Teig, der etwa zehn Minuten geknetet werden muß. Danach wird er mit Mehl bestreut und zugedeckt für eine Stunde warm gestellt. Man sticht dann einzelne Teile in der Größe eines mittelgroßen Apfels ab, walkt sie auf bemehlter Arbeitsplatte zu ovalen Fladen aus, die noch einmal (eine halbe Stunde) gehen müssen. Das Butterschmalz wird in einer Fritierpfanne heiß gemacht; die Schuxen müssen darin auf beiden Seiten goldgelb backen.

In Niederbayern werden die Schuxen entweder statt Brot (ohne Belag) gegessen oder, dann aber gezuckert, zu Zwetschgenkompott.

Schuxen III aus der Holledau

300 g Roggenmehl, Type 1370
(aus dem Reformhaus)
3/8 l warmes Wasser
1/4 Würfel Preßhefe
1 gehäufter TL Salz
500 g Butterschmalz zum Ausbacken

Da sich Roggenmehl und Hefe nicht besonders gut vertragen, kann man für die Schuxen aus der Holledau zur Hälfte auch Weizenmehl nehmen. Das Mehl wird gesiebt und warm gestellt. Aus vier Eßlöffel Mehl, der zerbröckelten Hefe und etwas warmem Wasser wird ein dickflüssiger Brei gemacht, den man für eine Stunde zugedeckt warm stellt. Dieses „Dampfl", das restliche Wasser und Salz vermengt man mit dem Mehl zu einem mittelfesten Teig, der wiederum für eine Stunde gehen muß. Dann sticht man einzelne Portionen in der Größe eines kleinen Apfels ab und walkt sie auf einer bemehlten Arbeitsplatte aus, so daß längliche, dünne handgroße Fladen entstehen. Diese läßt man kurz gehen, erhitzt dann das Butterschmalz in einer Fritierpfanne und bäckt die Schuxen auf beiden Seiten goldbraun. Sie sollten innen hohl sein! So wären sie perfekt. Aber auch ohne Blase schmecken sie ausgezeichnet zur Kartoffelsuppe (dies ist die originale Kombination).

Ungarischer Langos

50 g Sauerteig (Weizensauer, S. 61)
⅛ l und 1/16 l warmes Wasser
250 g Weizenmehl, Type 550 (aus dem Reformhaus)
1 TL Salz
500 g Schweine-schmalz und
5 Knoblauchzehen zum Ausbacken

Der Sauerteig wird zunächst mit einem Achtelliter Wasser angerührt, dann läßt man ihn über Nacht zugedeckt im Warmen stehen. Am nächsten Tag siebt man das Mehl in eine Schüssel, gibt Salz und das restliche Wasser dazu, vermischt alles mit dem Mehl und verarbeitet es mit dem angefrischten Sauerteig zu einem festen Teig, der zehn Minuten geknetet wird und vier bis fünf Stunden mit Mehl bestreut und zugedeckt gehen muß.
Eine Arbeitsplatte wird mit Mehl bestreut, der Teig aus der Schüssel genommen und in einzelne Portionen geteilt – jede etwa faustgroß. Man knetet jeden Teil kurz und walkt ihn zu einem sehr dünnen runden Fladen aus. In einem großen Gefäß erhitzt man das Schweineschmalz, legt die Knoblauchzehen ungeschält hinein und bäckt die Teigfladen kurz auf beiden Seiten. Sie dürfen nicht braun werden!
Das gleiche Gebäck kannten die Donauschwaben, die ja in nächster Nachbarschaft zu den Ungarn lebten, unter dem Namen Flammkuchen (s. S. 69 und 76).

IM OFEN GEBACKEN

Gebacken wird das Kleingebäck (selten) mit dem Brot zusammen, besser vor dem Brot, was sich auf die Brotqualität auswirkt, denn die zweite Ladung fällt bekanntlich besser aus, oder nachdem das Brot ausgeschossen ist.
Die schlichteste Form der Teigrestverwertung sind – weit verbreitet – einfache Brotkuchen, die sich von Landschaft zu Landschaft im wesentlichen nur durch Belag und Namen unterscheiden. Im Bayerischen Wald zum Beispiel hießen sie *Zennzelten*. Aus dem Restteig wirkte man faustgroße Kugeln, die man eine Weile gehen ließ, dann mit Wasser abwusch, mit Salz bestreute und „niederdetschte“, bevor sie eingeschossen wurden. Dieses Gebäck bekamen die Kinder als Schulbrot mit.
Die *Ascherlizelten* sind im Chiemgau daheim. Hier wurde (häufiger im Winter, weil dann mehr Zeit für solche Spielereien war) der Teig flachgewalkt und vor dem Brot eingeschossen. (Weil vor dem Einschießen die Glut nur an den Rand des Backofens gekratzt wurde, hafteten nachher auf der Unterseite des Gebäcks Aschereste – daher der Name). Gleich nach dem Ausschießen wurden sie mit Butter bestrichen und mit Salz bestreut. *Vurzelten* (also vorgebackene Zelten) hießen die – im Durchmesser 30 cm großen – Fladen in der Gegend von Dietramszell, die ebenfalls mit Butter gegessen wurden.
Zelten macht man in der Gegend von Traunstein aus Knödelbrotteig (Hefeweißbrotteig). Semmelgroße Stücke werden flachgedrückt, eine Weile warm gestellt und vor dem Einschießen mit Milch eingepinselt. Man ißt sie zum Kaffee.

Nur mit Kümmel bestreut wurde die einfachste Version des Thüringer *Trogkuchens* (s. S. 77). Der beliebteste Belag landauf, landab, waren Zwiebeln oder Speck – oder beides zusammen. *Zwiebelkuchen,* groß und rund, gab es auf der Schwäbischen Alb. Er wurde mit rohen oder vorher gedünsteten Zwiebelscheiben belegt. (In Sonderbuch ißt man statt dessen einen *Kümmelkuchen*, der nur mit Kümmel und Salz bestreut wird). In der Gegend von Eichstätt nimmt man statt der Zwiebelscheiben manchmal auch geschnittenen Schnittlauch und Salz als Würze.
An der bayerisch-schwäbischen Sprachgrenze trifft man auf die *Schaben,* entweder aus Hefeweißbrotteig oder aus Roggenbrotteig (mit Sauerteig bereitet). Die im Durchmesser etwa 30 cm großen Schaben wurden mit gewürfeltem Speck sowie mit Salz bestreut (bei dunklem Brotteig rieb man das Salz ein) und bei Nachhitze gebacken.
Der hessische *Kratzkuchen* wurde einfach vor dem Backen mit Zucker bestreut. Sein mittelfränkischer Bruder hatte als Belag neben dem Zucker Zwiebelscheiben, was gar nicht so unverträglich ist, wie es zunächst scheinen mag, denn Zwiebeln schmecken im gegarten Zustand ja schwach süß. (Ausführliche Rezepte für Speck- und Zwiebelkuchen auf S. 74 und 82.)
Mehrere Versionen gibt es vom Holledauer *Zelten*. Der flache Brotkuchen aus Mischbrotteig wurde entweder noch warm mit einem Klecks Schmalz versehen, den man zerlaufen ließ, indem man den Zelten nach allen Seiten neigte; oder man belegte ihn vor dem Backen mit Zwiebelscheiben und streute Salz darüber. Im Herbst hingegen waren Äpfel mit Zucker, Pflaumen oder Zwetschgen sehr beliebt.
Dies entspricht der weithin geübten Praxis, Obst der Saison als Belag zu nehmen. Apfelschnitze verwendete man zum Beispiel auf der Insel Reichenau, Birnenschnitze wurden beim niedersächsischen „Birnenbrot“ in einer Teigtasche gebacken. Seltener griff man auf Dörrobst zurück, wie gelegentlich in der Fränkischen Schweiz.

Zwiebelplätz aus dem Günzkreis

500 g Weißbrotteig (S. 25)
im Winter:
1 EL Butterschmalz
Salz zum Bestreuen

im Sommer:
2 Eier
⅛ l Sauerrahm
4 EL geschnittene Zwiebelröhrle (frisches Zwiebelgrün)
etwa ½ TL Salz

Aus dem Weißbrotteig formt man zwei flache „Plätz“, legt sie auf ein bemehltes Blech und läßt sie etwa 20 Minuten im Warmen rasten. Das Backrohr wird bei 200°C angeheizt. Vor dem Einschießen legt man jeweils in die Mitte ein Stückchen Butterschmalz und bestreut den Teig mit Salz. Im Sommer verquirlt man die Eier mit dem Sauerrahm, salzt sie und mengt das geschnittene Zwiebelgrün darunter. Dann gießt man die Masse gleichmäßig über die „Plätz“, die einen etwas erhöhten Rand haben müssen, damit die Sauce nicht wegläuft. Gebacken werden die Zwiebelplätz etwa 25 Minuten bei 200°C auf der mittleren Schiebeleiste (original im Backofen vor dem Brot).

Siebenbürger Krautbrötchen

▷

500 g Brotteig (S. 36 unten)
Butter zum Aufstreichen
5 große Kohlblätter
(oder 10 kleinere)

Die besonders knusprigen und appetitlichen Krautbrötchen wurden aus dem Restteig im Sommer (wenn die Kohlblätter groß genug waren) für die Kinder gebacken, die sie, mit Butter bestrichen, als Schulbrot mitbekamen. Besser noch als Weißkohl eignet sich hierfür aus zwei Gründen Wirsing: Seine Blätter sind biegsamer (lassen sich also besser rollen) und die Rippen sind viel ausgeprägter. Kehrt man die Rückseite des Blattes dem Teig zu, gibt es, vor allem auf der Unterseite des fertigen Brötchens, eine schöne Zeichnung. (Man kann auch zwei kleine Blätter nehmen: das eine als Unterlage, das andere als Deckblatt, das man unten leicht einschlägt.) Das Einrollen in ein Blatt hat aber nicht nur eine dekorative, sondern auch eine backtechnische Wirkung: Die im Rohr verdampfende Feuchtigkeit kommt der Brötchenqualität sehr zugute. Sie gehen wunderbar auf, werden knusprig und goldbraun – und schmecken leicht nach Kohl.

Man teilt den Teig in fünf gleiche Teile, knetet jeden Teil einmal kurz durch und formt längliche Wecken. Dann taucht man die Kohlblätter in kaltes Wasser, wickelt in jedes Blatt einen Wecken (nicht zu fest, damit der Teig noch etwas Raum zum Aufgehen hat) und legt die eingepackten „Teiglinge" (Blätter mit dem Schluß nach unten) auf ein angefeuchtetes Blech. Man läßt sie etwa eine halbe Stunde gehen, heizt das Backrohr auf der höchsten Hitzestufe an und bäckt die Krautbrötchen bei scharfer Hitze, bis die Kohlblätter verbrannt sind oder abfallen. Dann läßt man die Brötchen noch 15 Minuten bei 200°C im Rohr, bis sie schön goldbraun sind.

Thüringer Speckkuchen

1 kg Mischbrotteig vom Bäcker
(mit Sauerteig gemacht)
250 g fetter, in Streifen geschnittener Räucherspeck
500 g feingeschnittene Zwiebeln
2–3 Eier
Kümmel nach Geschmack
1 Prise Salz

Eine über weite Teile Süd- und Mitteldeutschlands verbreitete Form der Teigrestverwertung ist der Speckkuchen. Das Kuchenland Thüringen hat die vielleicht raffinierteste Variante des Speckkuchens entwickelt.

Man bestreut ein großes rundes Blech mit Mehl und drückt den Brotteig darauf flach. Den Räucherspeck in einer Pfanne zerlassen und die Zwiebeln darin dünsten. Zwiebeln und Speck werden auf dem Brotkuchen gleichmäßig verteilt. Dann verquirlt man die Eier mit Salz und Kümmel und gießt sie über das Zwiebel-Speck-Gemisch. Auf der unteren Schiebeleiste bäckt man den Kuchen etwa eine halbe Stunde bei 200°C.

Schoarnbladln aus dem Bayerischen Wald

500 g Roggenmehl, Type 1370 (aus dem Reformhaus)
etwa 2 TL Salz
2 Eier
etwa ⅜ l Wasser

Das gesiebte Roggenmehl wird mit den übrigen Zutaten zu einem knetbaren Teig verarbeitet, den man eine halbe Stunde zugedeckt stehen läßt. Danach hebt man ihn auf eine bemehlte Unterlage, teilt ihn in etwa 20 Teile und walkt jede Teigportion messerrückendick aus (etwa 2 mm). Sie werden auf ein bemehltes Blech gelegt und bei 180° C auf der oberen Schiebeleiste etwa 20 Minuten gebacken.
Schoarnbladln, die man an anderen Orten auch aus dem Rest des Brotteigs macht, waren ein ausgesprochenes Dauergebäck. Ausgekühlt wurden sie in Stücke gebrochen und in Leinensäckchen gefüllt. Bei Bedarf weichte man sie auf, indem man sie in ein großes Sieb legte und mit kochendem Wasser übergoß, bis sie weich waren. In einer Pfanne erhitzte man dann Fett und röstete darin die Schoarnbladln mit Semmelbröseln und Eiern.
Im Bayerischen Wald kann man dieses splittrige Gebäck gelegentlich noch beim Bäcker kaufen (zum Beispiel in Bischofsmais).

Ähnlich wie die Schoarnbladln aus einem Rest Brotteig wurde vielfach auch andernorts Kleingebäck aus Brotteig gemacht, entweder in der Nachhitze im Backofen gebacken oder auch vor dem Brot eingeschossen. Vor dem Brot gebacken wurden die nordböhmischen (nach dem Backtrog, der hier „Backdejse" hieß, so genannten)

Dejseplotzn

250 g Brotteig (S. 50 unten)
1 EL Kümmel
150 g Streifen geschnittener fetter Speck

Aus dem Teig formt man vier handtellergroße flache „Dalken", die mit Kümmel bestreut und den Speckstreifen belegt werden, die man etwas in den Teig drückt. Man legt die Plotzn auf ein bemehltes Blech und läßt sie eine halbe Stunde zugedeckt im Warmen stehen. Auf der mittleren Schiebeleiste bäckt man sie etwa eine halbe Stunde bei 200° C.
In manchen Orten wurden die Dejseplotzn nur mit Kümmel und Salz bestreut und mit einem scharfen Messer gegittert.

Flammkuchen II aus der Batschka

wurden entweder gleichzeitig mit dem Brot eingeschossen und entsprechend früher wieder aus dem Ofen geholt (weil sie ja schneller gar waren als die großen Brotlaibe) oder in der Nachhitze gebacken.

250 g Brotteig (S. 36 unten)
⅛ l Sauerrahm
geschnittenes Zwiebelgrün
geschnittene Knoblauchblätter

Aus dem Brotteig formt man Fladen, gut ½ cm dick, läßt sie auf dem bemehlten Blech eine Stunde im Warmen stehen und bäckt sie dann auf der mittleren Schiebeleiste bei 180° C etwa 20 Minuten. Man aß sie mit Sauerrahm übergossen und (im Sommer) mit frischem Zwiebelgrün und Knoblauchblättern bestreut. In derselben Gegend daheim war auch der schlichte

Salzkuchen

200 g Brotteig (S. 36 unten)
grobes Salz und
Schweinefett als Belag

Der Teig wird halbiert, jeder Teil auf bemehlter Unterlage zu einem dünnen Fladen ausgewalkt, auf ein bemehltes Blech gelegt und eine halbe Stunde zugedeckt warm gestellt. Bei 200°C werden die Salzkuchen 20 bis 25 Minuten auf der mittleren Schiebeleiste gebacken. Die Donauschwaben aßen sie mit Schweinefett, das man auf dem warmen Kuchen zerlaufen ließ, und mit grobem Salz bestreut am Backtag, solange das Brot noch zu frisch zum Anschneiden war.

In den Karpaten schob man vor dem Brot einen

Feuerfleck (auch Brotfleck)

in den Backofen. Er wurde genauso zubereitet und gegessen wie der donauschwäbische Salzkuchen. Durch den dort als Brotgewürz üblichen Kümmel bekam der Feuerfleck jedoch eine zusätzliche Geschmacksnuance.

Thüringer Trogkuchen

Der Trogkuchen wurde früher im Vogtland an jedem Backtag nach dem Brot gebacken, und zwar, wie der Name sagt, aus dem Teigrest, den man aus dem Backtrog kratzte. Man kann aber genausogut wie für den Speckkuchen den Brotteig fertig vom Bäcker holen und erspart sich dadurch natürlich Zeit und Mühe.

1 kg Roggenbrotteig
(S. 50 oben)
400 g fetter, in Streifen
geschnittener
Räucherspeck
oder frischer, roher Speck,
der beim Auslassen mit Salz
abgeschmeckt wird
oder:
500 g Quark
¼ l Sauermilch (oder saurer
Rahm), 1 TL Salz

Der Teig wird auf einem bemehlten großen Blech, das in Thüringen traditionell rund ist, flachgedrückt. Den Speck läßt man in einer Pfanne aus (ohne daß die Grieben braun werden!) und gießt das flüssige Fett samt Grieben gleichmäßig auf den Teigfladen.
Im anderen Fall rührt man Quark, Sauermilch oder sauren Rahm und Salz glatt und gießt diese Mischung auf den Teig, so daß er gleichmäßig bedeckt ist. (Ganz sparsame Bäcker oder Bäckerinnen streuten manchmal auch nur Kümmel auf den Trogkuchen.)
Statt eines großen Kuchens kann man natürlich auch (etwa 10) kleine Küchlein machen. Dann spart man sich nachher das Schneiden.

Wammerl im Brotteig aus dem Oberpfälzer Wald

500 g Brotteig (s. S. 64)
500 g schwarzgeräuchertes Wammerl (gekocht oder roh)

Zunächst für Nichtbayern: Wammerl ist nichts anderes als Schweinebauch. Man rollt den Brotteig auf einer bemehlten Unterlage etwa 2 cm dick aus, legt das Wammerl (im Stück natürlich) auf die eine Teighälfte und klappt die andere Hälfte über das Fleisch. Die Ränder werden fest aufeinandergedrückt. Man legt die Teigtasche auf ein bemehltes Blech und bäckt sie auf der unteren Schiebeleiste bei 180°C etwa eine Stunde, wenn man gekochtes Fleisch verwendet – sonst bei 170°C mindestens zwei Stunden, wobei man die Teighülle zunächst für eine Stunde mit einem Bogen Pergamentpapier abdeckt. Durch das Fett, das beim Backen aus dem Fleisch in den Brotteig rinnt, und den aparten Rauchgeschmack ist Wammerl im Brotteig ein besonders appetitliches Gericht!

Häufig werden auch einzelne Schinkenscheiben in Teig gebacken, wie zum Beispiel bei folgendem Rezept:

Niedersächsisches Schinkenbrot ▷

Etwa 800 g Brotteig (s. S. 50 oben)
5 dickere Scheiben roher Schinken

Man teilt den Teig in zehn Teile, die dünn ausgewalkt werden. Auf fünf der Teigfladen legt man die Schinkenscheiben und klappt jeweils einen zweiten als Deckel darüber. Die Ränder werden fest aufeinandergedrückt. Man läßt den Teig eine halbe Stunde gehen und bäckt die Brote ungefähr eine halbe Stunde auf der mittleren Schiebeleiste bei 200°C. – In Dudensen, woher das Rezept stammt, gab es solche Schinkenbrote als Mittagessen am Backtag.

Im Prinzip das gleiche kennt man in der Fränkischen Schweiz, nur daß man hier gekochten Schinken nimmt und ihn auf einen größeren Teigfleck legt, dessen eine Hälfte umgeklappt wird.
Zu derartigen Leckerbissen eignet sich jedoch nicht nur Geräuchertes. Im Altvatergebiet, wo man auch gern einen Schweinebraten zusammen mit dem Brot in den Backofen schob (wodurch vor allem der Braten den Brotduft annahm), packte man ein Stück rohen Schweinefleisches in den Teig.

Schweinebraten im Brotteig aus dem Altvatergebiet

750 g Brotteig (s. S. 50 unten)
750 g Schweineschulter oder
Halsgrat (ohne Knochen)
etwa 1 TL Salz
Pfeffer nach Geschmack
1 geschnittene Zwiebel

Das Fleisch wird mit Salz und Pfeffer eingerieben und mit den Zwiebelscheiben belegt. Der Teig wird etwa 2 cm dick ausgerollt, das Fleisch auf die eine Hälfte gelegt, die andere Hälfte über das Fleisch geklappt. Die Teigränder müssen fest aufeinandergedrückt werden, so daß nirgends ein Loch bleibt, aus dem der Fleischsaft auslaufen kann. Man hebt das Paket auf ein bemehltes Blech, das man auf die untere Schiebeleiste im vorgeheizten Backrohr setzt. Damit der Teig nicht verbrennt, bevor der Braten gar ist, deckt man ihn für die ersten eineinhalb Stunden mit einer Alufolie ab. Insgesamt läßt man den Braten mindestens zweieinhalb Stunden bei mäßiger Hitze (ungefähr 170° C) im Rohr. Bevor man diesem Gebäck (wenn der Teig ausgekühlt ist) mit einem scharfen Messer zu Leibe rückt, legt man es am besten auf ein großes Holzbrett mit umlaufender Rinne, damit der köstliche Fleischsaft, sofern er nicht in den Brotteig eingezogen ist, nicht davonrinnt.

Eine ähnliche Funktion wie bei diesem Rezept hat der Brotteig bei dem traditionellen elsässischen

Bäckeofe

▷

Dieses Fleischgericht bezieht seinen Namen daher, daß es ursprünglich, mit einem Deckel aus Brotteig, im Brotofen beim Bäcker gegart wurde. Heute gibt es dafür ofenfeste Terrinen mit passendem Deckel.
Für den Brotteig kann man sich an das Rezept auf Seite 53 halten.

Für das Fleischgericht:
300 g Hammelschulter
300 g Schweinenacken
300 g Rinderschulter (alles Fleisch ohne Knochen gewogen)
2 große Zwiebeln
4 EL Schweinefett
600 g Kartoffeln
2 weiße Rübchen
2 Karotten
1 Stange Lauch
Salz und frisch gemahlener Pfeffer
1 Bouquet garni (Kräutersträußchen aus Petersilie, Thymian, Kerbel, Lorbeerblatt)
1 l Elsässer Riesling

Das Fleisch wird in Würfel, die Zwiebel in Ringe geschnitten, die man im Fett glasig dünstet. Kartoffeln und weiße Rübchen werden geschält und gewürfelt, Karotten und Lauch geputzt und in Streifen von 3 cm Länge geschnitten. Man verteilt die Hälfte der Zwiebeln auf dem Grund einer ofenfesten Terrine oder einer Eisenkasserole. Darauf legt man schichtweise Fleisch, Kartoffeln und Gemüse. Jede Schicht wird mit Salz und Pfeffer bestreut und mit ein paar Zwiebelringen belegt. Obenauf kommt das Bouquet garni, schließlich übergießt man alles mit dem Riesling und läßt den Topf zugedeckt 24 Stunden an einem kühlen Ort stehen. Zwei Stunden, bevor man den „Bäckeofe" ins Rohr schiebt, bereitet man den Brotteig.
Der Teig wird etwa einen Zentimeter dick ausgerollt, über den Fleischtopf gebreitet und mit den Rändern am Terrinenrand festgedrückt. Man muß eine Garzeit von etwa zweieinhalb Stunden veranschlagen. Die Sorge, das Gemüse könne dabei zerkochen, ist unberechtigt. Da die Säure des Rieslings die Zellulose härtet, bleiben Kartoffeln und Karotten bißfest.
Damit der Brotteig nicht vorzeitig verbrennt, verfährt man wie im vorhergehenden Rezept.

Siebenbürger Griebenkuchen

800 g Brotteig (s. S. 36 unten)
200 g frischer, durch den Wolf gedrehter Schweinespeck

Schweinegrieben, mit etwas Salz ausgelassen, hatte man in einem Steintopf immer vorrätig. Zu einem richtigen Griebenkuchen nahm man aber lieber frischen Schweinespeck, der durch den Fleischwolf gedreht wurde.

Man mengt den Schweinespeck gleichmäßig unter den Brotteig, den man anschließend flach drückt oder ausrollt, so daß er ein Rechteck bildet. Der Teigfleck wird auf ein bemehltes Blech gelegt und auf der mittleren Schiebeleiste bei 200°C etwa eine halbe Stunde gebacken. Dieser Griebenkuchen, der ausgezeichnet zum Wein schmeckt, hat die Konsistenz von Mürbteiggebäck.

Ähnlich beliebt wie Zwiebel- und Speckkuchen ist auch die Kombination von Schinken oder Rauchfleisch und Brotteig. Im Oberbayerischen gab es einen ganzen Schinken, in der Teighülle gebacken, als traditionelles Osteressen. Dabei kam es im wesentlichen auf das Mengenverhältnis zwischen Fleisch und Teig an: Je dicker die Hülle, desto geiziger der Bauer! In einem kleineren Haushalt wird man vielleicht für einen ganzen Schinken keine Verwendung haben. Für diesen Fall eignen sich besser die verschiedenen Verarbeitungen kleinerer Fleischstücke.

Reichenauer Zwiebelkuchen

500 g Brotteig (S. 38 oben)
3 Eier
⅛ l süßer Rahm
1 EL Kümmel
½ TL Salz
3 mittelgroße geschnittene Zwiebeln

Der Brotteig wird auf ein bemehltes Blech gelegt und zu einem Kuchen mit erhöhtem Rand flachgedrückt, das Backrohr auf 200°C angeheizt. Dann verquirlt man die Eier, gießt den Rahm dazu, gibt Kümmel, Salz sowie geschnittene Zwiebeln hinein und schlägt die Masse mit der Gabel noch einmal gut durch, bevor man sie auf den Kuchen gießt. Gebacken wird der Zwiebelkuchen etwa eine halbe Stunde auf der mittleren Schiebeleiste.

Im Sommer ersetzte man die Zwiebeln durch geschälte, geschnittene Äpfel und schmeckte den Rahm statt mit Salz und Kümmel mit Zucker und Zimt ab.

Quarkbrötchen

250 g Weizenmehl, Type 550 (aus dem Reformhaus)
250 g Magerquark
1 Ei, 1 gehäufter TL Salz
½ Tütchen Backpulver
etwas Milch
Mohn oder Kümmel

Man verrührt sämtliche Zutaten gut und formt mit bemehlten Händen kleine Brötchen, bestreicht sie mit Milch und bestreut sie mit Mohn oder Kümmel. Man setzt die Brötchen auf ein geöltes Backblech und bäckt sie im Rohr bei 180°C etwa 20 Minuten.

Bogača

Von dieser Bogača berichtete mir eine in Griechenland aufgewachsene Türkin. Ob das Rezept dieses von Griechen wie von Türken gegessenen Gebäcks allerdings authentisch ist, entzieht sich meiner Kenntnis. Angeblich verwendet man dazu Brotteig aus Roggenmehl und Sauerteig. Ein Weißbrotteig eignet sich in jedem Fall auch dafür.

1 kg Brotteig (s. S. 34 oben)
3 Eier
etwas Salz zum Abschmecken
2 EL gehackte Petersilie
400 g kleingewürfelter Schafskäse (oder ein anderer aromatischer Hartkäse)

Aus dem Brotteig werden zehn etwa zentimeterdicke Teigfladen gemacht. Die Eier verquirlt man in einem hohen Gefäß, schmeckt sie mit Salz ab (ganz wenig, da der Schafskäse auch gesalzen ist), rührt Petersilie und gewürfelten Käse darunter, gießt diese Masse auf jeweils einen Teigfladen und legt einen zweiten darüber. Die Ränder müssen fest aufeinandergepreßt werden, sonst macht sich das Ei selbständig. Die gefüllten Fladen werden auf ein bemehltes Blech gelegt und zugedeckt warm gestellt – bei Hefeteig zehn Minuten, bei Sauerteig etwa eine halbe Stunde. Gebacken werden die Teigfladen auf der mittleren Schiebeleiste bei 200°C etwa 25 bis 30 Minuten.

Egerländer Kartoffelfladen

300 g Brotteig (s. S. 62 oben)
300 g gekochte, geschälte, geriebene Kartoffeln
etwa Wasser
etwas Salz zum Abschmecken
Kümmel zum Bestreuen
40 g zerlassene Butter zum Bestreichen

Die geriebenen Kartoffeln werden mit etwas Salz und Wasser sorgfältig mit dem Brotteig verknetet, so daß sie schließlich ganz gleichmäßig mit dem Teig vermischt sind. Diesen Teig teilt man in beliebig große Stücke, walkt sie auf bemehlter Unterlage etwa messerrückenstark aus, legt sie auf das bemehlte Backblech, bestreicht sie mit Butter und bestreut sie mit Kümmel. Vor dem Einschießen werden sie noch mittels einer Gabel mit einem Gittermuster versehen. Sie brauchen bei starker Hitze (etwa 250°C) nur zehn Minuten auf der oberen Schiebeleiste zu backen.

Baltische Kuckel von einem Rittergut in Estland

1 kg Weizenmehl, Type 550 (aus dem Reformhaus)
1 Würfel Preßhefe
¾ l warme Milch
1 gehäufter TL Salz
150 g zerlassene Butter
etwa 50 g Butter
etwas Kümmel zum Bestreuen, 1 Prise Salz
2 verquirlte Eier zum Bestreichen

Die Mengenverhältnisse sind „nachempfunden“, da die Gutsherrin, die auch mehrere Sorten Brot selber backte, „alles im Gefühl“ hatte. Diese Kuckel machte sie ab und zu, und zwar so: Aus den Zutaten (die Hefe wurde in Milch aufgelöst) machte sie einen Teig, der eine Stunde im Warmen zugedeckt rasten mußte. Dann formte sie handtellergroße flache Küchlein, setzte einen Butterfleck in die Mitte, streute Kümmel darüber und bestrich die Ränder mit verquirltem Ei, das mit einer Prise Salz gewürzt wurde.
Die Kuckel müssen noch einmal kurz gehen und werden dann auf einem gebutterten Blech auf die mittlere Schiebeleiste gesetzt. Backdauer: etwa 25 Minuten.

Ammergauer Ofagucka

Ein Rest des Brotteigs (s. S. 66 oben) wurde messerrückendünn ausgewalkt (der Fladen hatte einen Durchmesser von ungefähr 25 cm) und nicht im Ofen, sondern von beiden Seiten auf der Herdplatte gebacken.

Nicht aus dem Restteig, sondern nach einem eigenen Rezept werden die ebenfalls auf der Herdplatte gegarten

Böhmischen Dalken

▷

gemacht. Sie bestehen aus einem leichten Hefeteig:

⅛ und 1/16 l warme Milch
1 Prise Zucker
¼ Würfel Preßhefe
250 g Weizenmehl, Type 405
1 Prise Salz
1 Ei

Man verrührt den Zucker in einem Achtelliter Milch und bröckelt die Hefe hinein. Das Mehl wird in eine Schüssel gesiebt und mit dem Salz vermischt. Wenn die Hefe an die Oberfläche gestiegen ist, macht man eine Grube ins Mehl, gießt die restliche Milch hinein und schlägt das Ei dazu. Man vermengt die flüssigen Zutaten mit dem Mehl und schlägt den Teig gründlich, bis er Blasen wirft. Dann läßt man ihn etwa eine halbe Stunde stehen, formt flache „Dalken" – gut handtellergroß – und bäckt diese auf beiden Seiten. Die Herdplatte darf natürlich nicht zu heiß sein! Die „Dalken" verspeist man genau wie die „Liwanzen" mit zerlassener Butter, Powidl (Pflaumenmus), Mohn oder Zucker und Zimt zum Kaffee.

Anatolische Pita

1 Würfel Preßhefe oder 40 g Pfundhefe
¼ l Joghurt oder
⅛ l Joghurt und ⅛ l Wasser
500 g Weizenmehl, Type 550 (aus dem Reformhaus)
4 TL Salz

Man zerbröselt die Hefe, löst sie in dem angewärmten Joghurt auf und rührt einige Löffel Mehl dazu. Diesen Vorteig stellt man warm. Wenn er aufgegangen ist, vermengt man ihn mit dem übrigen Mehl (und gegebenenfalls dem ⅛ l Wasser), gibt das Salz dazu und verarbeitet alles zu einem glatten Teig, den man so lange abschlägt, bis er Blasen wirft. Anschließend knetet man ihn auf der gut bemehlten Tischplatte sorgfältig durch, formt ihn zu einer Kugel und läßt ihn, mit Mehl bestreut und zugedeckt, eine Stunde im Warmen gehen. Dann formt man kleine Brote (etwa von der Größe einer Semmel), bestreut sie mit Mehl und läßt sie wiederum im Warmen gehen. Das Backrohr wird auf der höchsten Hitzestufe angeheizt, die Teiglinge werden auf ein vorgewärmtes Backblech gesetzt, ein wenig „gezupft", mit warmem Wasser abgestrichen und bei scharfer Oberhitze etwa zehn Minuten gebacken. Sollten sie dann noch zu blaß sein, läßt man sie bei mittlerer Hitze noch fünf Minuten weiterbacken.

Vollkornbrote und Kleingebäck aus Vollkornmehl

Vollkornbrot ist keine Erfindung der modernen Reformbewegung. Es war sogar durch Jahrtausende der einzige vorhandene Brottyp. Erst mit der Verfeinerung der Mahltechnik am Ende des 18. Jahrhunderts, nämlich der Erfindung des Amerikaners Oliver Evans (1791), war es möglich, ein helles Mehl zu erzeugen. Die dunkleren Randschichten des Korns wurden nun durch „Beuteln" ausgesiebt. Bis auf den heutigen Tag sind vor allem die Amerikaner von dem ganz hellen Weißbrot fasziniert. Dem Ideal eines schneeweißen Brotes opferte man bedenkenlos die für die Ernährung wesentlichen Teile, nämlich die Randschichten des Korns, in denen bekanntlich die Mineralien und Vitamine angesiedelt sind und die uns, was uns heute bewußt ist, mit den für die Gesundheit unentbehrlichen Ballaststoffen versorgen.
Das an sich schon weiße Auszugsmehl wurde (und wird in den Vereinigten Staaten immer noch) sogar gebleicht.
Die Ernährungswissenschaft – eine recht junge Disziplin – hat uns gelehrt, wie wichtig eine Ernährung mit Vollkornprodukten ist. Sie hat in den sechziger Jahren bewiesen, daß viele Krankheiten ernährungsbedingt sind. Erkrankungen von Knochen, Zähnen und des Verdauungstraktes sowie Bluthochdruck sind unter anderem auf den Mangel an Stoffen zurückzuführen, die das volle Korn von Natur aus enthält.
Inzwischen haben diese wissenschaftlichen Erkenntnisse eine Bewegung ausgelöst, der viele bewußte Esser folgen. Einem kritischen Blick bleibt allerdings nicht verborgen, daß sich viele Anhänger der modernen Ernährungslehre genauso blind verhalten wie jene, die die Errungenschaften der Ernährungsphysiologie überhaupt nicht zur Kenntnis nehmen. So kann man sich im Gespräch mit den Vollkornverfechtern oft nicht des Eindrucks erwehren, als hielten sie unsere traditionelle Semmel von unschuldigem Weiß – überspitzt formuliert – für reines Gift. So wahr die Feststellung ist, daß eine Vollkornsemmel mehr wesentliche Stoffe enthält als eine aus Auszugsmehl, bleibt doch die Tatsache bestehen, daß dieses nicht „schädlich", ja noch nicht einmal völlig wertlos ist, denn es besteht immerhin aus (überwiegend) Kohlenhydraten, ferner aus Eiweiß und Fett, die schließlich zu den Eckpfeilern unserer Ernährung gehören.
Ein Franzose hat einmal gesagt: Die Franzosen essen, die Deutschen ernähren sich. Je nach Standpunkt kann man das als Tadel oder als Anerkennung betrachten. Es kann natürlich kein Zweifel daran bestehen, wie diese Aussage gemeint war, und genau betrachtet, ist diese Kritik berechtigt. Essen ist eine sehr komplexe Angelegenheit, und die Ernährungslehre, die sich im wesentlichen auf die physiologischen Vorgänge im Körper beschränkt, ist nur ein Teil (wenn auch kein unwesentlicher) davon. Ebenso wesentlich ist die ästhetische Seite des Essens, und wer sie nicht kennt oder sie gar unterdrückt, lebt verstümmelt. Es ist zwar erstaunlich, wie viele Gerichte, die traditionell aus Auszugsmehl hergestellt wurden, auch mit Vollkornmehl sehr gut schmecken, aber es gibt eben Kombinationen, in denen Vollkorn nichts zu suchen hat. Ein kräftiges (und für sich gewiß wohlschmeckendes) Brot erschlägt einfach Speisen mit zartem Aroma, etwa einen aromatischen sahnigen Käse. (Umgekehrt können fade Lebensmittel durch ein Vollkornbrot durchaus erst den richtigen „Biß" bekommen!) Mit anderen Worten: nicht zu allen Speisen paßt Vollkornbrot. Man sollte das Essen, das doch einen so zentralen Platz in unserem Leben einnimmt, wirklich als Ganzheit und nicht nur unter einem einzigen Aspekt begreifen. Das gilt genauso für jene, die das Essen nur von der ästhetischen Seite her betrachten. Ich habe es bisher vermieden, das Wort „gesund" zu gebrauchen.

Vollkornesser nehmen für sich immer in Anspruch, sich gesund zu ernähren. Auch der Begriff der Gesundheit ist sehr komplex, denn er beinhaltet nicht nur körperliche Gesundheit. Ich zitiere einmal die Definition, wie sie die Weltgesundheitsorganisation in Genf formuliert hat: „Gesundheit ist körperliches, geistiges, seelisches und soziales Wohlbefinden." Darin ist der Begriff so weit gefaßt, daß man ohne Übertreibung sagen kann: Wir sind alle krank (oder wenigstens die meisten von uns).

Doch auch unter rein physiologischem Aspekt gesehen, gilt nicht uneingeschränkt, daß Vollkornkost „gesünder" ist als die mit Auszugsmehlen hergestellte. Daß nicht jeder von uns eine Vollkornkost verträgt, ist schon so trivial, daß man es sich fast zu sagen scheut. Vollkornkost ist zwar sättigender, und das Sättigungsgefühl hält länger an. (Das kommt daher, daß sie den Körper länger beschäftigt, daß sie länger im Verdauungstrakt verweilt als wertarme Kost.) Das hat jedoch auch eine Schattenseite: Durch die lange Verweildauer entstehen Gase, die für sensible Individuen zur reinen Plage werden können, die regelrecht krank machen. Die Grade der Unverträglichkeit reichen von leichten Beschwerden bis zur echten Erkrankung.

Kehren wir zum Anfang dieses Kapitels zurück: Vollkornbrot ist keine Errungenschaft der aufgeklärten Ernährungswissenschaft. Sie hat es lediglich wiederentdeckt. Sie hat darüber hinaus auch Getreidearten für das Brotbacken wiederentdeckt, die in Vergessenheit geraten waren, wie etwa Hirse oder Dinkel. Meint man es mit der gesunden Ernährung ernst, dann sollte man es allerdings nicht versäumen, auch einmal kritisch nachzudenken. Es ist bekannt, daß gerade in jenen Randschichten, die so reich sind an natürlichen Inhaltsstoffen, auch die meisten Schadstoffe und Umweltgifte enthalten sind – dagegen weniger im Mehlkörper, der das „wertlosere" Auszugsmehl liefert. Ernährungsfachleute meinen jedoch, der Gesundheitswert des Vollkornmehls sei wegen seiner natürlichen Inhaltsstoffe höher einzustufen als das Risiko, das die Schadstoffe bedeuten.

Die Beschränkung auf biologisch gezogenes Getreide ist jedenfalls sinnvoll, wenn dieses auch keineswegs ganz frei von Umweltgiften ist. Es wächst schließlich unter demselben Himmel wie das konventionell angebaute und behandelte Getreide, derselbe Regen fällt darauf, und die Spritzaktionen der „nichtbiologischen" Nachbarn wirken sich bis zu einem gewissen Grad auch auf den „biologischen" Acker aus. Die Schadstoffwerte sind im allgemeinen jedoch wesentlich geringer, und vor allem: das biologisch gezogene Getreide wird nicht mit Kunstdünger gedüngt.

Hat man sich zur Verwendung von Vollkorn entschlossen, sollte man das Korn im Reformhaus kaufen, dort mahlen lassen und rasch verbrauchen. Sobald das Getreidekorn nämlich durch den Mahlvorgang zerstört ist, verändern sich seine Inhaltsstoffe und verlieren an Wert. Mehl oder Schrot büßen schnell ihr Aroma ein und schmecken schließlich bitter.

Wenn ein aufgedrucktes Mindesthaltbarkeitsdatum bei Vollkornmehl, wie es in manchen Supermärkten angeboten wird, eine Haltbarkeit von einem Jahr verspricht, so sagt es entweder nicht die Wahrheit, oder ein zugesetztes Antioxidationsmittel sorgt heimlich für das lange Regalleben, an dem der Handel so lebhaft interessiert ist.

Ob es sich lohnt, eine Getreidemühle zu kaufen, bleibt der persönlichen Entscheidung überlassen, die von der Häufigkeit des Gebrauchs abhängen wird. Immerhin ist eine Getreidemühle keine billige Anschaffung.

Im folgenden Abschnitt werden die gängigsten in den Reformhäusern angebotenen Getreidearten kurz charakterisiert.

WEIZEN *(Triticum)*

stellt hohe Ansprüche an Klima und Boden und gedeiht daher schlecht in rauhen Klimazonen. Es gibt zwar auch Sorten (s. Dinkel), die bei uns wachsen, die besten Weizensorten kommen jedoch aus den klimatisch begünstigten Zonen: aus dem Mittelmeerraum und vor allem aus dem westlichen Kanada („Manitoba", s. S. 7).

Der Weizen ist eines der ältesten Brotgetreide. Sein Ursprung wird im Süden und Westen des Mittelmeerraums angenommen. Auf Grund seines Klebergehalts (s. S. 8) eignet er sich hervorragend zum Backen.

Weizen enthält im Schnitt (bei 15 % Wassergehalt): 64 bis 70 % Kohlenhydrate, 10 bis 13,5 % Eiweiß, 1,5 bis 2,5 % Mineralstoffe, 1,5 bis 2 % Rohfett und 1,5 bis 2,5 % Rohfaser. Diese Stoffe sind im Vollkornmehl praktisch alle enthalten. Ihr Gehalt nimmt ab, je feiner, je heller das Mehl ist – abgesehen von den Kohlenhydraten. So sind im Weizenvollmehl (Type 1700, Ausmahlungsgrad bis 97 %) noch 13,5 % des Eiweißes enthalten, in Type 1050 (Ausmahlungsgrad bis 80%) noch 13%, im Auszugsmehl (Type 405) nur mehr 10,7%. An Mineralstoffen entfällt Type 1700 noch 1,7%, Type 1050 noch 1,1%, Auszugsmehl nur mehr 0,5%; an Rohfaser enthält Type 1700: 2%, Type 1050: 0,5% und Auszugsmehl nur noch 0,1%! Auch der Gehalt an Rohfett nimmt von 2,2 auf 1,1% ab. Es steigt dagegen der Gehalt an Kohlenhydraten. Er nimmt von 72,5% (Type 1700) über 78,9% (Type 1050) bis auf 84% (Auszugsmehl) zu.

DINKEL *(Triticum spelta)*
auch Spelz, Spelt, Dinkelweizen

ist eine robustere Spielart des Weizens, entstanden aus einer Kreuzung von Emmer und Zwergweizen. Der Dinkel soll aus Mesopotamien und Persien stammen, wurde auch von den alten Griechen und Römern angebaut und war in der Schweiz und in Südwestdeutschland bis in unser Jahrhundert das führende Brotgetreide. Der Lech scheidet das Dinkelland Schwaben vom Roggenland Bayern. Der Dinkel verlor durch die Einfuhr ausländischen Weizens dann an Bedeutung, wurde jedoch in den letzten Jahren durch die Reformbewegung wiederentdeckt. Heute gehört er zum Sortiment der Reformhäuser. Die Farbe des Korns ist gelblich bis ocker. Der Teig von Dinkelmehl hat eine charakteristische Eigenschaft, der ihn sowohl vom Roggenteig, der pastenartig ist, als auch vom Weizenteig, der auf Grund des Klebergehalts elastisch ist, unterscheidet. Dinkelmehl und vor allem -schrot binden sich schwerer mit Wasser, der Teig ist, vor allem zu Beginn der Bearbeitung, zähschleimig. Er ergibt ein hervorragend aromatisches Brot, das am besten frisch gegessen wird.

ROGGEN *(Secale cereale)*

Der Roggen stammt aus Innerasien und soll als Unkraut nach Europa gekommen sein. Als sehr anspruchslose Getreideart ist er zum Brotgetreide Nord- und Osteuropas geworden. Roggen enthält im Schnitt (bei einem Wassergehalt von 15%) 66,5 bis 73% Kohlenhydrate, 7 bis 11,5% Eiweiß, 1,5% bis 2% Mineralstoffe, 1,5 bis 2,5% Rohfett und 1,5 bis 2,5% Rohfaser. Je nach Ausmahlungsgrad sind diese Stoffe im Mehl mehr oder weniger enthalten. So enthält die Type 610 (Ausmahlungsgrad bis 60%) 6,8% Eiweiß, Type 815 (Ausmahlungsgrad bis 70%) 8,1%, Type 1150 (Ausmahlungsgrad bis 80%) 9,3% und die Type 1800 (Ausmahlungsgrad bis 97%) 10,2%. An Mineralstoffen enthält Type 610: 0,6%, Type 815: 0,8%, Type 1150: 1,2%, Type 1800: 1,8%. Für Rohfett betragen die Werte: 0,9%, 1,3%, 1,7% und 1,8%. Rohfasergehalt: 0,3%, 0,5%, 1,1% und 1,9%. Wie bei Weizenmehl nimmt der Kohlenhydratgehalt prozentual mit steigendem Ausmahlungsgrad ab: von 83% bei Type 610, 79% bei Type 815 über 73,8% bei Type 1150 bis zu 70% bei Type 1800.
Die Backeigenschaften des Roggenmehls sind weit weniger gut als die des Weizenmehls. Eine befriedigende Teiglockerung ist nur mit Hilfe von Sauerteig möglich.

GERSTE *(Hordeum sativum)*

ist ein schon seit Jahrtausenden kultiviertes Getreide, das als Brotgetreide jedoch keine Bedeutung hat, da das Mehl nicht backfähig ist. Die Griechen der Antike aßen Gerstenfladen aus nicht gelockertem Teig. In Notzeiten wurde Brotmehl mit Gerstenmehl gestreckt. Gerstengraupen und -schrot werden für Suppen und Grütze verwendet, ausschließlich Gerstenmehl findet selten Verwendung.
Die Inhaltsstoffe setzen sich im Schnitt (bei einem Wassergehalt von 15%) wie folgt zusammen: 67% Kohlenhydrate, 9,5% Eiweiß, 2,5% Mineralstoffe, 2% Rohfett und 4% Rohfaser. Gerste ist also im Vergleich zu Roggen und Weizen besonders reich an Ballaststoffen (Rohfaser).

HAFER *(Avena sativa)*

wächst in Osteuropa, Westasien und Nordafrika wild und wird in Nordeuropa kultiviert. Er enthält weniger Kohlenhydrate, ist dafür aber sehr fettreich. Die Zusammensetzung ist (bei einem Wassergehalt von 15%) im Schnitt: 56,5% Kohlenhydrate, 10,5% Eiweiß, 3% Mineralstoffe, 5% Rohfett und 10% Rohfaser. Sein Gehalt an Ballaststoffen ist also mehr als doppelt so hoch wie der der Gerste und liegt weit über dem von Weizen und Roggen.

Roggen
Dinkel
Hafer
Mais
Buchweizen
Weizen
Hirse
Gerste

Hafermehl ist nicht backfähig. Die gedämpften, gequetschten Haferkörner (Haferflocken) eignen sich für Suppen und Breie und sind auch roh – als Müsli – gut verdaulich.

HIRSE *(Panicum)*

Sie war das Urgetreide des afrikanischen Kontinents, so wie der Mais (s.u.) der des nordamerikanischen war.
Sie besteht (bei einem Wassergehalt von 15 %) im Schnitt aus: 59 % Kohlenhydraten, 10,5 % Eiweiß, 4 % Mineralstoffen, 3,5 % Rohfett und 8 % Rohfaser. Sie ist also relativ kohlenhydratarm, enthält dafür mehr Mineralstoffe, Rohfett und Rohfaser. Dagegen sind ihre Nachteile abzuwägen: schwere Verdaulichkeit und ein leicht bitterer Geschmack.
Hirsemehl ist nicht backfähig. In einem Gemisch mit Weizenmehl läßt es sich jedoch durchaus verbacken und läßt das Brot besonders knusprig werden. Das Brot altert allerdings rasch, wird durch Aufbacken jedoch wieder knusprig.

BUCHWEIZEN *(Gemeiner Buchweizen, Polygonum fagopyrum)*

Buchweizen gehört zu den Knöterichpflanzen. Er ist sehr genügsam im Hinblick auf Klima und Boden und gedeiht sogar im Hochgebirge. Er wird traditionell vor allem in Norddeutschland und Nordfrankreich angebaut. Da Buchweizenmehl nicht backfähig ist, wird es vorwiegend zu Brei, Suppen und Pfannkuchen verarbeitet. Die originale Crêpe der Bretagne zum Beispiel besteht aus Buchweizenmehl (s. S. 103). Buchweizen enthält im Schnitt (bei einem Wassergehalt von 15 %) 71,5 % Kohlenhydrate, 9 % Eiweißstoffe, 1,5 % Mineralstoffe, 1,5 % Rohfett und 1,5 % Rohfaser.

MAIS *(Zea mais)*

Der Mais ist das Urgetreide des nordamerikanischen Kontinents. Bis heute kennen wir Mais nur in seiner Kulturform, eine Wildform ist unbekannt. Er wird vor allem in beiden Amerika und in Südeuropa angebaut. Mais enthält 78,1 % Kohlenhydrate (davon 4,5 % Dextrin), 8,5 % Eiweißstoffe, 5,2 % Rohfett und 1,4 % Mineralstoffe. Obwohl Maismehl nicht backfähig ist und sich nicht lockern läßt, wird es überall, wo Mais angebaut wird, auch zu Brot verarbeitet, teils zu Flachbrot, wie den spanischen und mexikanischen Tortillas (s. S. 100), teils vermischt mit Weizenmehl zu Laibbrot, wie in Apulien oder Jugoslawien (s. S. 93).

Mehrkornmehle, wie sie heute in den Reformhäusern angeboten werden, haben den Vorteil, daß sich die charakteristischen Geschmacks- und Inhaltsstoffe, vor allem die Mineralstoffe (Spurenelemente) der verwendeten Getreidearten in ernährungsphysiologischer Hinsicht auf die denkbar beste Art ergänzen. Dasselbe gilt auch für die Vitamine.
Roggen enthält an Spurenelementen vor allem Bor, Molybdän, Vanadium, Mangan und Zink, Gerste ist reich an Kieselsäure, Dinkel enthält besonders viel Magnesium, Weizen vor allem Vitamin B_1, B_2, E und F, Hafer ist reich an Vitamin E. Hirse wiederum enthält Kieselsäure.
Da die Spurenelemente und ein Teil der Vitamine vor allem in den Randschichten des Korns angesiedelt sind, ist Vollkornmehl, in dem eben auch diese Randschichten mit vermahlen sind, für die Ernährung am wertvollsten.
Das in den Reformhäusern angebotene Graham-Mehl ist ein Vollweizenmehl oder -schrot, benannt nach dem amerikanischen Arzt Graham, der das „Graham-Brot" einführte.
In Reformhäusern gibt es ein neu entwickeltes „Backferment" mit dem zugehörigen Grundteig für empfindliche Mägen, die Hefe- wie Sauerteiggebäcke schlecht vertragen. Dieses Ferment ist auf der Basis von Honig und Getreide hergestellt.
Ein Wort zu den in diesem Kapitel vorgestellten Rezepten. Die Puristen unter den Vollkorn-Anhängern werden sich vielleicht daran stoßen, daß die meisten Rezepte keine reinen Vollkorn-Rezepte sind. Sie sind oft etwas „befleckt" durch die Zugabe von Auszugsmehl. Das hat einen rein technologischen Grund: Teige aus reinem Vollkornmehl oder Schrot verarbeiten sich weniger gut – sie brechen leicht, fallen schlicht auseinander. Das verhindert das kleberreichere „weiße" Mehl, da es mit seinem Klebergerüst die auseinanderstrebenden Teile fest aneinanderbindet. Sämtliche Rezepte kann man jedoch auch mit reinem Vollkornmehl versuchen. Man muß dann nur die Nachteile bei der Formung des Teiges in Kauf nehmen. Außerdem verändert sich die Menge des nötigen Zugusses.

Flachbrot auf finnische Art

250 g Roggenmehl,
Type 815
(aus der Mühle oder
Type 1370 aus dem
Reformhaus)
500 Roggenschrot,
Type 1800
(aus dem Reformhaus)
100 g Sauerteig
¾ l warmes Wasser
3 gestrichene TL Salz
gemahlene Haferflocken
zum Bestreuen des Blechs

Am Vorabend mischt man Mehl und Schrot, verdünnt den Sauerteig mit einem Achtelliter warmen Wassers und rührt ihn glatt. Man verrührt das Salz mit dem Sauerteig, gießt diesen und den Rest des Wassers zu dem Mehlgemisch und verarbeitet alles gründlich zu einem festen Teig, den man mit Mehl bestreut und über Nacht in einem warmen, aber nicht trockenen Raum stehen läßt. Am nächsten Tag rollt man den Teig auf einem bemehlten Geschirrtuch messerrückendünn aus. Nun kann man

a) runde „Plätzchen" ausstechen, etwa zehn Zentimeter im Durchmesser, und diese auf das mit gemahlenen Haferflocken bestreute Blech setzen

b) den Teigfleck einrollen, indem man das Geschirrtuch auf der einen Seite anhebt und auf das (ebenfalls mit Hafermehl bestreute) Blech entrollt. Dann gittert man den Teig so, daß lauter Rechtecke entstehen. Dabei wird der Teig jedoch nicht geschnitten, sondern mit einem großen scharfen Messer eher eingedrückt, da das Material leicht reißt oder sich verschiebt. Entlang den eingedrückten Kanten läßt sich das Gebäck nachher gut brechen. Wie man sieht, ist die erste Möglichkeit problemloser. In jedem Fall bäckt man dieses Knäckebrot bei mäßiger Hitze auf der oberen Schiebeleiste ungefähr eine Viertelstunde. Es darf nur hellbraun werden. Man sollte sich nach etwa zehn Minuten vergewissern, ob das Gebäck schon durchgetrocknet ist. Ist dies der Fall: Vorsicht! Von der Trocknung zur Bräunung ist es nur ein kleiner Schritt, und ein zu dunkles Flachbrot ist zwar bemerkenswert knusprig, aber auch ebenso bitter.

Norwegisches Flatbrød

500 g Gerstenmehl
500 g Weizenmehl,
Type 1050
(aus dem Reformhaus)
500 g Roggenmehl,
Type 1370
(aus dem Reformhaus)
etwa 1¼ l Wasser
2 gestrichene TL Salz

Das Mehl wird am Vorabend in eine Schüssel gesiebt und gut vermischt, das Salz im Wasser aufgekocht. In eine Vertiefung im Mehl gießt man die Flüssigkeit und verrührt sie nach und nach mit etwa zwei Dritteln des Mehls. Diesen dicken Brei läßt man über Nacht mit Mehl bestreut und zugedeckt in einem kühlen Raum stehen. Am nächsten Tag verrührt man den Vorteig mit dem restlichen Mehl und knetet diesen Teig ungefähr fünf Minuten. Danach rollt man ihn dünn aus (etwa 2 mm dick) und legt diesen Teigfleck vorsichtig auf ein bemehltes Blech. Gebacken wird das „Flatbrød" wie das vorhergehende Flachbrot. Der Teig ergibt mehrere Flachbrote.

In Norwegen gibt es noch Bauern, die ihr Knäckebrot selber herstellen. Original wird dies aber nicht im Rohr, sondern auf einer großen elektrischen Platte gebacken, ähnlich der, auf der französische *Crêpes* gemacht werden. Früher gab es in Norwegen Backfrauen, die von Dorf zu Dorf zogen, um den von der Hausfrau vorbereiteten Teig in Brot zu verwandeln.

Schwedisches Tunnbröd Dünnbrot aus Jämtland

50 g Preßhefe
½ l lauwarme Milch
200 g Roggenmehl, Type 1370 (aus dem Reformhaus)
200 g Gerstenmehl (kann aber auch durch die gleiche Menge Roggenmehl ersetzt werden)
180 g Weizenmehl, Type 1050 (aus dem Reformhaus)
2 TL Salz
1 TL gemahlener Kümmel
1 TL gemahlener Fenchel
150 g Graham-Mehl (aus dem Reformhaus)

Die Hefe wird in eine Schüssel gebröckelt und mit ein wenig lauwarmer Milch übergossen. Nach etwa einer Viertelstunde gießt man den Rest der Milch dazu und rührt Salz, Gewürze und Mehl (ausgenommen das Graham-Mehl) unter die Flüssigkeit. Diesen Teig knetet man von Hand oder mit dem Knethaken der Küchenmaschine, bis er glatt und geschmeidig ist. Dann legt man ihn auf ein bemehltes Backbrett, teilt ihn in zwanzig Teile, formt kleine Kugeln und stellt sie, mit einem feuchten Tuch bedeckt, eine halbe Stunde warm. Nun streut man das Graham-Mehl auf das Backbrett oder ein großes Tuch, legt die Teigkugeln nacheinander auf das Mehl und drückt sie zunächst flach, wendet sie und rollt sie etwa messerrückendick und möglichst gleichmäßig rund aus. Man legt sie paarweise auf ein Backblech und gleicht, falls nötig, die Ränder aus, indem man sie mit einem Glas oder einer kleinen Schüssel absticht. Man bäckt dieses Knäckebrot acht bis zehn Minuten bei 200°C auf der oberen Schiebeleiste.

Hafer-Flachbrot

3–4 El Sonnenblumenkerne
200 g Hafermehl
100 g Vollroggenmehl
100 g Weizenmehl, Type 1050
1 gestrichener TL Salz
½ Würfel Hefe (etwa 20 g Pfundhefe)
⅜ l lauwarmes Wasser

Man röstet zunächst die Sonnenblumenkerne in einer Pfanne. Dann mischt man die drei Mehle, die Sonnenblumenkerne und das Salz mit einem Schneebesen. Dabei werden auch vorhandene Mehlklumpen aufgelöst. Die Hefe wird in einen der drei Achtelliter Wasser gebröckelt und aufgelöst. Darunter mengt man acht Eßlöffel von dem Mehl und läßt den gut verrührten Vorteig etwa 20 Minuten zugedeckt im Warmen gehen. Diesen Vorteig gibt man nun samt dem restlichen Wasser an das Mehl und vermengt alles zu einem Teig, der die Konsistenz einer dicken Paste hat. Man arbeitet ihn etwa zwei Minuten gut durch (am besten: mit der Hand kneten!) und formt ihn zu einer Kugel, die man mit Mehl bestreut und zugedeckt etwa eine halbe bis dreiviertel Stunde im Warmen gehen läßt. Nun teilt man den Teig am besten in drei Teile und rollt jeden Teil (jeweils großzügig mit Mehl bestreut) auf der bemehlten Tischplatte etwa 2 mm dick aus. Man kann jetzt nach Belieben große Plätzchen ausstechen. Diese legt man auf ein eingeöltes warmes Blech und läßt sie noch einmal fünf Minuten im Warmen stehen. Inzwischen heizt man die Backröhre auf 180°C an, schiebt das Blech auf die mittlere Schiebeleiste und läßt die Haferplätzchen ungefähr 15 Minuten backen. Sie sollten nur leicht Farbe annehmen, denn ähnlich wie zu scharf gebackenes Vollweizenmehl schmeckt zu dunkel gebackener Haferteig schnell nach verbrannten Sägespänen!
Die angegebene Teigmenge reicht etwa für zweieinhalb große Bleche.

Hirsefladen

Da die Hirse schlechte Backeigenschaften hat, wird man sie nicht ohne Zusatz von Weizenmehl verarbeiten (s. S. 90).

200 g Hirse, gemahlen
300 g Weizenmehl, Type 1050
1 TL Salz
½ Würfel Hefe oder 20 g Pfundhefe
knapp ¼ l lauwarmes Wasser

Man vermischt Hirse-, Weizenmehl und Salz gut mit dem Schneebesen, löst die Hefe im Wasser auf und verrührt sie sorgfältig. Dann verarbeitet man Mehl und Hefewasser zu einem Teig, der die Konsistenz einer steifen Paste hat. Der Teig wird zu einer Kugel geformt, mit Mehl bestreut und zugedeckt für 30 bis 40 Minuten warm gestellt. Schließlich formt man auf der bemehlten Tischplatte einen Fladen, legt ihn auf ein mit ungemahlener Hirse bestreutes Backblech und bäckt den Fladen zehn Minuten bei hoher Anfangstemperatur, schaltet die Backröhre auf Mittelhitze und bäckt den Hirsefladen weitere 20 bis 30 Minuten. Der etwas bittere Geschmack der rohen Hirse verliert sich beim Backen, allerdings kann man dem Hirsebrot kein besonders volles Aroma nachsagen. Sein Vorteil liegt in seiner Knusperigkeit, die man auch durch Aufbacken am nächsten Tag wiederherstellen kann.

Maisbrot

In praktisch allen Mais anbauenden Ländern wird auch Maisbrot gebacken. Wir kennen es zum Beispiel aus Griechenland, Jugoslawien, Apulien. Wie die Hirse eignet sich auch der Mais nicht gut zum Backen, da ihm der Kleber fehlt. Daher mischt man das Maismehl wiederum mit Weizenmehl.

200 g feines Maismehl
200 g Weizenmehl, Type 1050
¼ l lauwarmes Wasser
1 TL Salz
½ Würfel Preßhefe oder 20 g Pfundhefe

Man vermischt Mais- und Weizenmehl samt Salz mit dem Schneebesen, löst die Hefe im lauwarmen Wasser auf und verrührt sie gut. Dann werden Mehl und Flüssigkeit vermengt und der entstandene Teig einige Minuten gut abgeschlagen, damit der im Weizenmehl enthaltene Kleber wirksam werden kann. Dabei wird man feststellen, daß der Teig dazu neigt, zu reißen (ähnlich wie der mit Hirsemehl). Er läßt sich jedoch trotzdem gut bearbeiten und zur Kugel formen. Diese Kugel wird mit Mehl bestreut und eine halbe Stunde zugedeckt warm gestellt. Nun knetet man den Teig auf der bemehlten Tischplatte noch einmal kurz durch und formt einen runden Laib, den man mit dem Schluß nach unten auf ein mit Maismehl bestreutes Backblech setzt. Man bäckt das Brot bei scharfer Anfangshitze etwa fünf Minuten an, schaltet die Backröhre auf Mittelhitze und bäckt das Brot noch weitere 30 Minuten.
Maisbrot altert rasch und bekommt Risse. Es ist daher ratsam, nur so viel zu backen, wie man auf einmal essen kann.
In Jugoslawien wird zum Maisbrot Schweineschmalz gegessen. (Der Speck wird übrigens ausgelassen und eine Weile in Milch gekocht! Vermutlich soll die Milch den manchmal etwas strengen Geschmack des Schweinefetts mildern.)

Pane carasau Sardisches Flachbrot

▷

200 g Weizenmehl, Type 1050
200 g Weizenmehl, Type 550
(beide aus dem Reformhaus)
¼ l Wasser
½ Würfel Hefe
1 schwach gehäufte TL Salz

Am Vortag nimmt man jeweils die Hälfte der beiden Mehlarten und mischt sie in einer Schüssel sorgfältig mit dem Schneebesen. In einem Achtelliter lauwarmen Wassers löst man die Hefe auf und verrührt sie gut mit dem Wasser. Mehl und Wasser werden zu einem glatten Teig verarbeitet, den man einige Minuten kräftig mit dem Kochlöffel abschlägt. Wenn sich der Teig vom Schüsselrand löst, bestreut man ihn mit etwas Mehl, deckt die Schüssel zu und stellt sie über Nacht warm. Ist die Raumtemperatur zu niedrig, packt man die Schüssel nach bewährter Bauerntradition in eine dicke Decke. Am nächsten Morgen ist der Teig von großen Blasen durchsetzt, er erscheint flüssiger als am Vorabend und verströmt ein ansprechendes Aroma, das entfernt an den Duft reifer Erdbeeren erinnert. Nun mischt man wiederum die verbliebenen Hälften der beiden Mehle in einer kleinen Schüssel und löst das Salz in einem Achtelliter warmen Wassers auf. Mehl und Wasser werden, immer abwechselnd, mit dem Teig verarbeitet. Der Teig wird noch einmal kräftig abgeschlagen, mit Mehl bestreut und die Schüssel zugedeckt für etwa eine Stunde warm gestellt. Dann teilt man den Teig in etwa tennisballgroße Stücke, knetet diese auf einer bemehlten Tischplatte kurz durch, bestreut sie mit Mehl und läßt sie fünf bis zehn Minuten gehen. Auf der bemehlten Tischplatte rollt man sie einzeln millimeterdick aus und legt diese Fladen auf ein leicht geöltes Backblech. Im vorgeheizten Rohr bäckt man sie bei nicht zu scharfer Hitze, bis sie goldbraun sind. Sie sollten auf keinen Fall zu lange backen, da Backwaren mit Vollweizenmehl oder Weizenschrot sonst einen unangenehmen Beigeschmack bekommen, der an Sägemehl erinnert.
Das fertige Fladenbrot läßt man auskühlen und bricht es dann in Stücke. So kann man es in einem Leinen- oder Baumwollsäckchen in einem trockenen Raum längere Zeit aufbewahren. Man kann dieses Fladenbrot jederzeit trocken knuspern. Es schmeckt aber auch nicht schlecht mit Butter oder so, wie es die Sarden bevorzugen, nämlich als

Pane guttiau Sardisches Flachbrot mit Olivenöl

Die Bruchstücke des Brotes werden mit gutem Olivenöl beträpfelt und mit etwas Salz bestreut. Dann steckt man sie für wenige Minuten in das vorgeheizte Backrohr – nur so lange, bis sie warm sind. So schmeckt das sardische Brot gut zum Schafskäse oder auch nur zum Wein.

Sauerteig-Flachbrot

200 g Restteig vom „pane carasau“ (s. S. 94)
1 TL Salz
⅛ l lauwarmes Wasser
100 g Vollweizenmehl
100 g Weizenmehl, Type 550
je nach Geschmack 1 EL Kümmel, Koriander oder Dillsaat

Ausgangsmaterial ist ein Teigrest von „Pane carasau“: Man behält 200 Gramm von dem Teig zurück, schlägt diesen kurz mit dem Kochlöffel ab, legt ihn in eine Schüssel, bestreut ihn mit Mehl und deckt die Schüssel mit einem Teller oder einer Alufolie zu. Besonders geeignet ist übrigens eine Plastikschüssel, da das Material eine höhere Eigentemperatur hat als etwa Keramik. Man läßt den Teig zwei Tage in einem warmen Raum stehen. Inzwischen hat sich der Teig von selbst in Sauerteig verwandelt. Man löst einen Teelöffel Salz im lauwarmen Wasser auf, gießt das Wasser an den Teig und vermischt beides gut miteinander. Am besten und schnellsten gelingt das mit dem Elektroquirl. Man mischt je 100 Gramm Weizenmehl und 100 Gramm Weizenvollkornmehl und mengt die gesamte Mehlmenge unter den dünnflüssigen Teig, den man sehr sorgfältig durcharbeitet. Nach Geschmack kann man auch Gewürze wie Kümmel, Koriander oder Dillsaat einkneten. Der Teig wird mit Mehl bestreut und zugedeckt warm gestellt. Nach etwa einer Stunde schlägt man ihn kurz ab, hebt ihn auf eine bemehlte Tischplatte, bestreut ihn mit Mehl und rollt ihn mit dem Nudelholz zu einem zentimeterdicken Fladen aus. Inzwischen streut man Vollkornmehl auf ein großes Backblech, hebt den Fladen darauf und drückt ihn vorsichtig flach. Es ist gleichgültig, ob messerrückendick oder etwas dicker – wichtig ist, daß das Fladenbrot möglichst überall die gleiche Dicke hat, da sonst beim Backen die dicken Stellen noch blaß, die dünnen aber schon dunkelbraun oder gar verbrannt sind. Man heizt das Backrohr bei 250° C an, schaltet, wenn es diese Temperatur erreicht hat, auf 175° C zurück und stellt das Blech auf die obere Schiebeleiste. Nach etwa fünf Minuten kann man den Fladen mit einem Teigrädchen in kleine Rechtecke schneiden. Das ist der richtige Moment: der Teig klebt nicht mehr, ist aber noch ganz weich. Die Schnittlinien fallen so präziser aus, als wenn man vor dem Einschießen schneidet.
Man läßt das Flachbrot, je nach Dicke, 15 bis 20 Minuten backen. Wer es nicht ganz so knusprig mag, gibt unter den Teig zwei Eßlöffel Pflanzenöl.

Vollreis-Knäckebrot

100 g Vollreismehl (Vollreis im Reformhaus mahlen lassen)
150 g Weizenmehl, Type 1050
½ TL Salz
¼ Würfel Preßhefe oder 10 g Pfundhefe
5 EL Wasser zum Auflösen der Hefe
⅛ l lauwarmes Wasser

Reis- und Weizenmehl werden samt Salz mit dem Schneebesen gut vermischt. Die Hefe wird in fünf Eßlöffeln warmen Wassers aufgelöst und verrührt. Dann gießt man sie zusammen mit dem Achtelliter Wasser an das Mehl und verarbeitet alles gründlich zu einem Teig, der die Konsistenz einer dicken Paste hat. Man bestreut den Teig mit Mehl und läßt ihn zugedeckt eine Stunde im Warmen gehen. Schließlich legt man ihn auf ein eingeöltes Backblech, bestreut ihn mit Mehl und drückt ihn mit den Händen vorsichtig flach, bis er die Höhe von etwa 3 mm hat. Man bäckt das Brot bei mittlerer Temperatur auf der mittleren Schiebeleiste etwa 20 Minuten, jedenfalls bis es goldgelb (möglichst nicht braun) ist. Es wird nicht während des Backvorgangs auf dem Blech geschnitten, da es sich fertiggebacken sehr gut brechen läßt.

Ostpreußisches Brühbrot aus dem Kreis Tilsit

Hier, im äußersten Nordostzipfel Ostpreußens, backte man neben dem „einfachen Brot" (aus feinem Roggenschrot und Sauerteig) ein Schrotbrot, bei dem der Schrot zunächst überbrüht wurde. Der „Teigling" wurde zu einem runden Laib geformt, der im Holzofen entweder auf einem Blech gebacken wurde oder direkt auf dem von Holzbrandresten gesäuberten Backofenboden. Da geringe Aschenreste immer zurückblieben, legte man im Sommer vier große, von den dicken Rippen befreite Kohlblätter unter jeden Laib. Sie bewirkten nicht nur, daß das Brot an der Unterseite sauber blieb, sondern sorgten auch für die für reines Sauerteigbrot wichtige Feuchtigkeit. Wir fühlen uns natürlich gleich an die Siebenbürger Krautbrötchen erinnert (S. 74), bei denen jedoch die „Teiglinge" ganz in die Kohlblätter eingewickelt wurden.

800 g Roggenschrot,
Type 1800
(aus dem Reformhaus)
gut ¾ l heißes Wasser
200 g Sauerteig (Restteig)
⅛ l lauwarme Buttermilch
7 gestrichene TL Salz
3 EL Kümmel (statt dessen wurde in Ostpreußen häufig Dillsamen verwendet)
je Laib vier große Kohlblätter

Am Vortag gibt man 600 Gramm des Roggenschrots in eine Schüssel und überbrüht ihn mit dem heißen Wasser. Die Klumpen, die sich dabei bilden, müssen gut verrührt werden. Diesen Brei läßt man auskühlen. Inzwischen verdünnt man den Restteig (es kann auch Sauerteig vom Bäcker sein) mit der angewärmten Buttermilch. Wenn der gebrühte Schrot ausgekühlt ist, mengt man den verdünnten Sauerteig darunter.
Sollte der Brei jetzt sehr steif sein, gibt man noch etwas lauwarme Buttermilch dazu (ein Teigbatzen muß von allein vom Löffel fallen). Dieser dickflüssige Vorteig wird etwa einen Zentimeter dick mit Schrot bestreut, fest zugedeckt und über Nacht warm gestellt.
Am nächsten Tag ist der Vorteig heftig in Bewegung geraten: Er gärt lebhaft, ist durch und durch von Bläschen durchsetzt, hat an Volumen deutlich zugenommen und die Schrotschicht völlig „geschluckt". Nun streut man Salz und Kümmel (oder Dillsamen) auf den Teig, gibt den Rest des Roggenschrots dazu und knetet den Teig, bis er sich vom Schüsselboden löst (original: „Bis er spricht"). Man glättet die Teigoberfläche mit Wasser, streut Schrot darüber und läßt den Teig mindestens zwei Stunden (gut zugedeckt und sehr warm) gehen. Wenn er deutlich gegangen ist, formt man auf einem bemehlten Backbrett zwei runde Laibe, legt je vier gewaschene Kohlblätter nebeneinander auf ein großes Blech und setzt die Laibe darauf. Man heizt das Rohr mindestens eine halbe Stunde vor und gießt etwas Wasser auf den Rohrboden (aber vorsichtig wegen der heftigen Dampfentwicklung!). In dieser Zeit kann der Teig noch einmal aufgehen. Gebacken wird das Brühbrot auf der unteren Schiebeleiste zunächst 10 Minuten bei 250° C, dann weitere 60 Minuten bei 180° C.
Aus einem Teigrest machte man, wenn der Bäuerin die Zeit dafür blieb, kleine runde „Brotplätzchen", die in Fett schwimmend ausgebacken wurden. Dazu – und auch zum frischen Brot, das man anschnitt, sobald es ausgekühlt war – wurde am liebsten kalte Milch getrunken.

Schrotbrot aus der Mark Brandenburg

▷

1 kg Roggenbackschrot, Type 1800 (aus dem Reformhaus)
gut ½ l heißes Wasser
100 g Sauerteig
etwa ¼ l warmes Wasser
½ Würfel Preßhefe
100 g Weizenmehl, Type 1050 (aus dem Reformhaus)
4 gestrichene TL Salz

Schrot ist, wie schon gesagt, das mehr oder weniger grobe Mahlprodukt aus dem ganzen (ungeschälten) Korn ohne den Keim. Roggenschrotbrot wurde ursprünglich in den plattdeutsch sprechenden Landschaften Norddeutschlands gegessen. Die alten Schrotbrot-Kernländer sind Westfalen und Niedersachsen, zur Zeit der deutschen Ostkolonisation kam das Schrotbrot aber auch nach Mecklenburg und Pommern, mit der Hanse bis Livland und Kurland.

Am Vorabend überbrüht man den Roggenschrot mit dem heißen Wasser. Wenn sich das Gemisch abgekühlt hat, bis es handwarm ist, legt man den mit einem Achtelliter Wasser verdünnten Sauerteig dazu und vermengt ihn mit dem Schrotbrei. Über Nacht läßt man diesen Vorteig zugedeckt im Warmen stehen. Am Backtag löst man die zerbröckelte Hefe in einem Achtelliter warmen Wassers auf, rührt das Weizenmehl dazu und läßt diesen Teig etwa eine halbe Stunde zugedeckt stehen. Dann mengt man ihn unter den Schrotbrei, streut Salz darauf und verknetet alles sorgfältig zu einem nicht zu festen Teig, den man in eine gefettete Kastenform gleiten läßt. Man läßt ihn im Kasten zugedeckt eineinhalb bis zwei Stunden an einem warmen Ort stehen. Wenn er deutlich an Volumen zugenommen hat, schiebt man ihn auf die mittlere Schiebeleiste und läßt ihn vier Stunden bei 150°C im Backrohr.

Schwarzbrot von der Insel Fehmarn

800 g Roggenmehl, Type 1370 (aus dem Reformhaus)
¾ l heißes Wasser
200 g Sauerteig (Restteig)
3 gestrichene TL Salz
½ Würfel Preßhefe

Am Vorabend löst man den Sauerteig in etwas warmem Wasser auf, bringt ¾ l Wasser zum Kochen, gießt es in eine große Schüssel und verrührt die Hälfte des Mehls darin. Dann gibt man Sauerteig und Salz dazu und „wedelt" alles gut durch. Diesen Brei läßt man zugedeckt über Nacht in der warmen Küche stehen. Am nächsten Morgen bröckelt man die Hefe in den Brei, fügt den Rest Mehl hinzu und knetet den Teig gut durch. Man formt einen großen runden Laib, bestreut ihn mit Mehl, deckt ihn mit einem Tuch zu und läßt ihn eine Stunde an einem warmen Ort stehen. Man heizt das Backrohr eine halbe Stunde auf der höchsten Hitzestufe vor, hebt den Laib auf ein bemehltes Blech und bäckt ihn auf der unteren Schiebeleiste zunächst zehn Minuten bei 250°C, dann noch eine Stunde bei 180°C.

In Bisdorf auf Fehmarn hat man nach diesem Rezept bis 1955 Brot im Holzofen gebacken, der mit Weißdorn geheizt wurde. Früher aß man Grütze dazu, in der jüngeren Zeit Butter, Schmalz oder Speck.

Vollkorn-Pizza

▷

100 g Weizenmehl,
Type 1015
(aus dem Reformhaus)
100 g Vollweizenmehl
½ TL Salz
¼ Würfel Preßhefe
⅛ l lauwarmes Wasser
1 EL Pflanzenöl

Man siebt das Weizenmehl in eine Schüssel oder rührt es mit dem Schneebesen glatt. Dann vermischt man es mit Vollweizenmehl und Salz, löst die Hefe im Wasser auf und vermengt Mehl, Wasser und Öl zu einem Teig, den man gut abschlägt. Man bestreut den Teig mit Mehl und läßt ihn im Warmen etwa eine halbe Stunde gehen. Dann arbeitet man ihn fünf Minuten energisch durch, formt ihn zu einer Kugel, bestreut diese mit Mehl und läßt sie auf der bemehlten Tischplatte etwa 20 Minuten gehen. Nachdem man den Teig kurz durchgeknetet hat, rollt man ihn mit dem Nudelholz zunächst etwas aus und läßt ihn dann einige Minuten rasten. So läßt er sich leichter weiter ausrollen, bis er einen Durchmesser von etwa 28 cm hat. Man legt den Teig nun auf ein geöltes, vorgewärmtes Blech, bedeckt ihn mit dem vorbereiteten Belag (s.u.) und läßt die Pizza 20 bis 30 Minuten bei 180°C backen.
Für die Vollkorn-Pizza eignet sich gut ein kräftig schmeckender Belag wie der folgende:

Pizza-Belag
500 g Mangold
100 g geräucherter Bauchspeck
2 EL Pflanzenöl
1 mittelgroße Zwiebel
⅛ l Joghurt oder Dickmilch
3 Eier
Salz, frisch gemahlener Pfeffer
1 Messerspitze abgeriebene Muskatnuß

Man putzt und wäscht den Mangold, löst die Blätter einzeln vom Strunk, wäscht sie und blanchiert sie in wenig Salzwasser. Der Mangold wird in ein Sieb zum Abtropfen gelegt. Man schneidet den Bauchspeck in Streifen, gibt ihn in eine Pfanne und läßt das Fett bei mittlerer Hitze auf dem Herd ausbraten. Dann fügt man das Öl hinzu, schält die Zwiebel, schneidet sie klein und dünstet sie in der Pfanne an, bis sie goldgelb ist. Man schneidet den Mangold in etwa zentimeterbreite Streifen und dünstet ihn kurz mit. Joghurt und Eier werden verquirlt und mit Salz, Pfeffer und Muskat abgeschmeckt. Man schmeckt das Gemüse mit denselben Gewürzen ab und mischt es gut durch. Dann belegt man den Pizzateig mit dem Gemüse und gießt die Eier-Joghurt-Mischung darüber. Hat man kein rundes Pizzablech zur Verfügung, das der Teig ganz bedeckt, legt man den Pizzateig am besten auf ein Stück geölter Alufolie und zieht die Ränder etwas hoch, damit die Flüssigkeit nicht auf das Blech läuft.

Mexikanische Tortillas

▷

100 g feines Maismehl
100 g Weizenmehl,
Type 1050
ein knapper TL Salz
knapp ¼ l Wasser

Man mischt zunächst Mehle und Salz mit dem Schneebesen und gießt dann das Wasser hinzu. Mehl und Wasser werden zu einem pastenartigen Teig verarbeitet, den man etwa eine Viertelstunde quellen läßt. Sollte der Teig dann noch nicht fest genug sein, arbeitet man noch etwas Mehl ein, teilt ihn in zwei Teile und rollt nacheinander jedes Teil auf der bemehlten Tischplatte millimeterdick aus. Mit einem Glas oder scharfrandigen Gefäß sticht man Plätzchen aus, die man auf ein geöltes Blech legt und zehn Minuten bei scharfer Oberhitze im Rohr bäckt. Die Teigmenge ergibt zwei große Bleche Tortillas.
Tortillas passen gut zu scharf gewürzten Fleischgerichten.

Variante:
Möchte man weiche Tortillas zum Füllen, fügt man dem Teig zwei Löffel Pflanzenöl zu.

Reismehl-Pizza

100 g Vollreismehl (Vollreis im Reformhaus mahlen lassen)
100 g Weizenmehl, Type 550
½ TL Salz
⅛ l lauwarmes Wasser
¼ Würfel Preßhefe

Pizza-Belag
150 g Rinderhackfleisch
150 g Hackepeter, Salz
1 mittelgroße Aubergine
1 Paprikaschote
1 große Zwiebel
600 g Tomaten (oder ½ l passierte Tomaten)
3 Knoblauchzehen
6 EL Pflanzenöl
1 zerkrümelte Chilischote
1 gehäufter TL gerebelter Oregano

Man vermischt zunächst die beiden Mehle und das Salz gut mit dem Schneebesen, löst die Hefe im Wasser auf und verrührt sie gut. Dann vermengt man Mehl und Wasser miteinander und wirkt den Teig fünf Minuten gut durch. Der Teig muß nun, mit Mehl bestreut und zugedeckt, im Warmen etwa eine halbe Stunde gehen. Dann arbeitet man ihn noch einmal gut durch und verfährt weiter wie bei der Vollkorn-Pizza (s. S. 100).
Zu dieser Reismehl-Pizza passen gut Tomaten und Hackfleisch als Belag.

Das Hackfleisch wird gemischt und mit Salz abgeschmeckt. Man legt die gewaschene Aubergine zunächst für 10 bis 15 Minuten ins heiße Backrohr, bis die Haut aufplatzt und sich abziehen läßt. Paprikaschote und Zwiebel werden in grobe Stücke geschnitten, die Tomaten kurz in kochendheißes Wasser gelegt, damit sie sich leichter häuten lassen. Nun brät man den geschälten Knoblauch in der Hälfte des Öls an, bis er goldgelb ist, und nimmt ihn aus der Pfanne. Dann werden Zwiebeln und Paprikaschote angebraten, und man gibt die gehäuteten, entkernten Tomaten und die in Streifen geschnittene Aubergine hinzu. Etwa 10 Minuten dünsten lassen und dann die zerkrümelte Chilischote, den Oregano und den Knoblauch untermischen. In einer zweiten Pfanne brät man das gemischte Hackfleisch bei scharfer Hitze an, wobei man das zusammenballende Fleisch mit einer Gabel ständig zerpflückt. Wenn das Fleisch gleichmäßig angegart ist, vermischt man es gut mit dem Gemüse und belegt damit die Reis-Pizza, die wie die Vollkorn-Pizza gebacken wird (s. S. 100). Aus demselben Teig kann man auch Reismehlplätzchen ohne Belag backen. Sie sind sehr knusprig und wohlschmek-kend.

Vollkorn-Quiche

Teig
100 g Vollroggenmehl
100 g Vollweizen- oder Volldinkelmehl
20 g Weizenmehl, Type 550
1 Prise Salz, ¼ l Wasser
100 g Butter

Quiche-Belag
200 g (türkischer oder griechischer) Schafkäse
3 Eier, 1/16 l süße Sahne
etwas abgeriebene Muskatnuß
2 EL gehackte Petersilie

Man mischt Mehl und Salz mit dem Schneebesen, gießt das Wasser daran, vermengt die Zutaten gut miteinander und läßt den Teig eine Viertelstunde quellen. Die Butter, die weich sein soll, wird in den Teig eingearbeitet und dieser geknetet, bis sich die Butter darin gleichmäßig verteilt hat. Man ölt ein Quiche- oder Pizzablech leicht ein, formt den Teig mit bemehlten Händen zu einer Kugel und rollt diese auf der bemehlten Tischplatte ein wenig aus. Dann legt man das Teigstück auf das Blech und drückt es flach, bis es etwa ½ cm dick ist. Man gibt den Belag darauf und bäckt die Quiche bei 160° C 30 Minuten (Ober- und Unterhitze) im Backrohr. Die Teigmenge reicht für ein Blech von 28 cm Durchmesser.

Man zerdrückt den Schafkäse mit einer Gabel, mixt ihn im Elektromixer mit den Eiern und der Sahne, fügt Muskatnuß und Petersilie hinzu und gibt die Mischung auf den Teigboden (s.o.).

Mehrkornbrot

100 g getrockneter Sauerteig
¼ l Wasser zum Aufweichen des Sauerteigs
1 Würfel Hefe
200 g Volldinkelmehl
200 g Vollroggenmehl
200 g Weizenmehl, Type 550
4 TL Salz
4 EL Sonnenblumenkerne
1 EL Kümmel
¼ l lauwarmes Wasser

Man weicht zunächst den Sauerteig, den man beim letzten Backen in Form eines dünnen hart gewordenen, in Stücke gebrochenen Fladens aufgehoben hat, in einem Viertelliter heißem Wasser auf (am besten über Nacht).
Am nächsten Tag verrührt man den aufgeweichten Sauerteig gründlich mit dem Wasser, krümelt die Hefe dazu und löst sie unter Rühren auf. Dann mischt man die Mehle mit Salz, Sonnenblumenkernen und Kümmel, gießt den zweiten Viertelliter Wasser und den Sauerteig dazu und verarbeitet alles zu einem Teig, den man etwa fünf Minuten mit dem Kochlöffel abschlägt. Man bestreut den Teig mit Mehl und läßt ihn eine Stunde im Warmen gehen. Danach formt man auf der bemehlten Tischplatte einen Laib (oder Wecken), legt den Teigling auf ein vorgewärmtes, mit Mehl bestreutes Blech, bestreut ihn mit Mehl und läßt ihn wiederum im Warmen gehen, bis er sein Volumen knapp verdoppelt hat.
Das Brot wird auf der höchsten Hitzestufe im vorgeheizten Backrohr etwa 10 Minuten gebacken, dann bei 180° C noch eine Dreiviertelstunde im Rohr gelassen. Sollte die Rinde unterdessen zu dunkel werden, deckt man das Brot mit Alufolie ab.

Buchweizen-Crêpe

Die originale bretonische Crêpe wird aus Buchweizenmehl hergestellt (in dem rauheren Klima der Nordwestecke Frankreichs gedieh der anspruchlose Buchweizen besser als der Weizen).

150 g Buchweizenmehl
50 Weizenmehl, Type 550
30 g zerlassene Butter
1 Ei
½ TL Salz
¼ + 1/16 l Milch
Butter zum Einfetten der Pfanne
Crème fraîche
150 Roquefort

Die angegebene Menge reicht für sechs bis acht Crêpes von 22 cm Durchmesser.
Man mischt sämtliche Zutaten gründlich mit dem Schneebesen, buttert, wenn man nicht über eine Crêpe-Platte verfügt, eine Eisenpfanne sparsam ein, gießt den Teig ganz dünn in die heiße (aber nicht zu heiße) Pfanne und läßt ihn bei mäßiger Hitze mehr trocknen als backen. Die Unterseite sollte nicht braun werden. Mit einem langen, schmalen Omeletteheber wendet man die Crêpe vorsichtig und läßt sie wiederum antrocknen. (Mit etwas Geschick und Erfahrung gelingt es auch, die Crêpe dabei nicht reißen zu lassen.) Nun legt man sie auf einen vorgewärmten Teller, gibt einen Klecks Butter auf die eine Hälfte und faltet die Crêpe zweimal (kreuz und quer). Man krönt sie mit einem Eßlöffel Crème fraîche.
Man kann auch, nachdem man die Crêpe in der Pfanne gewendet hat, die Oberfläche mit zerbröckeltem Roquefort bestreuen, die eine Hälfte der Crêpe über die andere klappen und die Pfanne bei schwacher Hitze auf der Herdplatte lassen, bis der Roquefort geschmolzen ist. Die Crêpe wird auf gewärmtem Teller angerichtet und mit einem Klecks Crème fraîche gekrönt.
Das Originalgetränk zu Crêpes ist der Cidre, jener trockene Apfelwein aus der Normandie, der dort in Keramiktassen serviert wird.

SÜSSE BROTE

Süße Brote waren ursprünglich Feiertagsgebäck. Dabei hat man zwischen solchen aus normalem Brotteig, aber mit süßer Fülle, und solchen aus bereits gesüßtem (und dann feinerem) Teig zu unterscheiden. Zur ersten Kategorie gehören die im Alpenraum traditionell zu Weihnachten gebackenen Kletzen- oder Birnbrote. Kletzen sind Dörrbirnen, die die Bäuerinnen früher im Backofen selber trockneten. Heute kauft man sie zwischen Oktober und Weihnachten auf dem Markt. Jungbajuwaren werden den Ausdruck „Kletzen" entweder gar nicht kennen oder nur als Schimpfwort: „Mei, des is a Kletz'n!" Wobei das fragliche Wort auf der Wertschätzungsskala ungefähr den Rang eines „Armleuchters" einnimmt.
Die ursprüngliche Form des Kletzenbrotes ist denkbar schlicht. Man nahm dafür nur Brotteig und gekochte, gehackte Kletzen. Manchmal wurden die Kletzen mit dunklem Brotteig vermengt und in eine Hülle aus hellem Brotteig eingeschlagen. Als Gewürze dienten Anis, Fenchel, Koriander oder alle drei zusammen. Befeuchtet wurden die Früchte mit Kletzenwasser (dem Dörrbirnensud), Rum, süßem Most, mitunter auch Kaffee oder Sirup.
Im Schwäbischen heißen die Kletzen Hutzeln.

Schwäbisches Hutzelbrot aus dem Günzkreis

500 g Weißbrotteig (s. S. 25)
500 g gekochte Hutzeln (Dörrbirnen)
oder:
300 g entsteinte, gekochte Dörrpflaumen und
200 g Sultaninen
etwas Milch zum Abstreichen

Von den gekochten Hutzeln entfernt man Gehäuse und Stiele und schneidet das Fruchtfleisch klein. Der Brotteig wird auf bemehlter Unterlage ausgewalkt, die Hutzeln werden darauf verteilt und gleichmäßig unter den Teig geknetet. Dann formt man einen runden Laib und läßt ihn etwa eine halbe Stunde zugedeckt im Warmen stehen. Wenn er aufgegangen ist, hebt man ihn vorsichtig auf ein bemehltes Blech, streicht den Laib mit Milch ab und bäckt ihn 45 Minuten bei 200°C auf der unteren Schiebeleiste.

Engadiner Birnbrot

Dafür nimmt man etwa 500 Gramm Brotteig (s. S. 41 unten), setzt ihm aber 125 Gramm „gutes Fett“ (Butter oder Schmalz) und 100 Gramm Zucker zu. Die Fülle bereitet man folgendermaßen zu:

Fülle
500 g Dörrbirnen
200 g Korinthen
100 g Sultaninen
150 g Feigen
150 g Haselnüsse
100 g Pinienkerne
5 gemahlene Gewürznelken
6 gemahlene Pfefferkörner
6 gemahlene Pimentkörner
etwas Branntwein
1 verquirltes Ei zum Bestreichen

Trockenobst und Nüsse im Fleischwolf grob zerkleinern, mit dem Gewürz vermischen und über Nacht in einem Topf, mit Branntwein übergossen, zugedeckt stehen lassen. Am nächsten Tag wird das Früchtegemisch mit dem Brotteig sorgfältig verknetet. Manche formen dann einen länglichen Wecken, manche einen Laib. Ob so oder so geformt: auf einem bemehlten Blech muß der „Teigling“ etwa eine dreiviertel Stunde gehen, wird dann mit dem verquirlten Ei bepinselt und einmal eingeschnitten. Man bäckt ihn auf der unteren Schiebeleiste 75 Minuten bei 180° C.

In Schuls (Scuol), und angeblich nur dort, feiert man am 26. Dezember den „Birnbrottag“. Die Mädchen überreichen ihrem Schatz quasi als Neujahrsgabe ein Birnbrot, das dann gemeinsam im Elternhaus des jungen Mannes zu Kakao gegessen wird.

Im übrigen verzehrt man das Birnbrot mit Butter bestrichen oder mit (gesüßter oder ungesüßter) Schlagsahne.

Zelten aus dem Stubaital

1 kg Brotteig (s. S. 41 oben)
250 g Rosinen
250 g Feigen
200 g gemahlene Haselnüsse
125 g Zitronat
125 g Orangeat
100 g Pignoli (Pinienkerne)
1 TL gemahlene Nelken
2 Messerspitzen Zimt

Über die Mengen konnte die Bäuerin nichts sagen – sie hat das „so im Gefühl“. Geschätzt sind es insgesamt etwa ein Kilogramm Früchte (einschließlich der Nüsse). Feigen, Haselnüsse, Zitronat, Orangeat und Pignoli werden geschnitten bzw. gehackt, die Rosinen bleiben ganz. Nelken und Zimt werden pulverisiert. Nun wird der Brotteig auf einem bemehlten Nudelbrett ausgearbeitet (ausgerollt), die Früchte und das Gewürz werden auf dem Teigfleck verteilt und anschließend sorgfältig in den Teig eingeknetet. Man formt einen runden Laib, läßt ihn auf einem bemehlten Blech 45 Minuten zugedeckt im Warmen stehen und bäckt ihn dann etwa eine Stunde auf der unteren Schiebeleiste bei 180° C.

Steirisches Kletzenbrot aus dem Ennstal

▷

800 g Brotteig (s. S. 52 unten)
1 kg Früchte (in beliebigem Mengenverhältnis):
Kletzen
Zibeben (Malagatrauben)
Arancini (Orangeat)
Walnüsse
Pignoli (Pinienkerne)
etwas Rum
2 Messerspitzen gemahlener Piment

Die Kletzen werden gekocht, gehackt und mit dem Rum übergossen, dem man etwa zwei Messerspitzen Piment zusetzt. Man läßt sie am besten über Nacht ziehen. Am nächsten Tag mischt man die übrigen gehackten Früchte unter die Kletzen, die nicht zu feucht sein sollen. Diese Früchtemischung knetet man in den festen Brotteig ein, so daß sie schließlich gleichmäßig im Teig verteilt ist. Man formt einen runden Laib, der mindestens eine Stunde an einem warmen Ort gehen muß. Dann setzt man ihn auf ein gefettetes Blech und läßt ihn auf der unteren Schiebeleiste bei mäßiger Hitze mindestens eine Stunde backen. Kurz vor dem Ausschießen wird er mit Wasser abgepinselt und für etwa fünf Minuten noch einmal ins Rohr geschoben.
Im Ennstal bäckt man ein Geldstück ein.

Steirisches Kletzenbrot aus dem Gesäuse

Fülle
500 g Kletzen (Dörrbirnen)
100 g Arancini (Orangeat)
300 g Walnüsse
100 g Pignoli (Pinienkerne)
100 g Sultaninen
200 g Zibeben (Malagatrauben) oder Korinthen
⅛ l Rum
Lebkuchengewürz (fertig gekauft oder: ½ TL gemahlene Nelken, 2 Messerspitzen Zimt, 2 Messerspitzen Kardamom)

Teig
¾ kg Roggenmehl, Type 1370 (aus dem Reformhaus)
¾ l warmes Wasser
½ Würfel Preßhefe
2 gestrichene TL Salz
etwas Milch zum Übergießen

Kletzen, Arancini, Walnüsse und Pignoli werden geschnitten oder grob gehackt (dabei entfernt man Stiele und Gehäuse der Kletzen); man vermengt das Gehackte mit Sultaninen und Zibeben, rührt das Lebkuchengewürz in den Rum und übergießt damit die Früchte, die man über Nacht zugedeckt ziehen läßt.

Am nächsten Tag macht man einen Brotteig. Das Mehl wird in eine Schüssel gesiebt und warm gestellt. In einen Achtelliter warmen Wassers gibt man zwei Eßlöffel Mehl, bröckelt die Hefe hinein und verrührt sie mit dem Brei. Dieses „Dampfl" läßt man zugedeckt eine halbe Stunde an einem warmen Ort stehen, dann rührt man das Salz hinein, gießt das „Dampfl" zusammen mit dem restlichen Wasser in eine Vertiefung im Mehl und verarbeitet alles zu einem festen Teig, den man eine Stunde zugedeckt rasten läßt. Währenddessen läßt man die Früchtemischung in einem Sieb abtropfen. Ist der Teig gegangen, mengt man die Früchte gleichmäßig unter den Teig, der mittelfest sein soll. Falls nötig, gibt man noch etwas Mehl dazu. Man formt einen runden Laib und legt ihn in ein bemehltes „Sieberl" (einen Brotkorb), in dem er mindestens eine Stunde gehen muß. Dann wirft man ihn, ohne ihn zu stürzen, mit Schwung auf ein bemehltes Backblech, pinselt ihn mit Wasser ab und bäckt ihn zunächst eine halbe Stunde auf der unteren Schiebeleiste bei 200°C. Dann nimmt man ihn kurz aus dem Rohr, übergießt ihn mit Milch und läßt ihn noch etwa 20 Minuten backen.

Tsureki Griechisches Osterbrot

▷

½ Tasse lauwarmes Wasser
½ Päckchen Trockenhefe
knapp 1 Tasse Weizenmehl, Type 405
250 g Weizenmehl, Type 405
35 g Zucker
1 Päckchen Vanillinzucker
35 g zerlassene Butter
⅛ l lauwarme Milch
1 ganzes Ei, 1 Prise Salz
das Abgeriebene einer ungespritzten Zitrone oder Orange
1 gute Messerspitze Masticha (ersatzweise 1 Messerspitze gemahlener Kardamom)
1 hartgekochtes, dunkelrot gefärbtes Osterei
1 Eidotter zum Bepinseln
100–150 g Sesam

Die schlichteste Version dieses Ostergebäcks ist ein einfaches Weißbrot ohne Zucker. Die feinere Variante ist süß und enthält außerdem Fettstoff, Eier und typische Gewürze.
Man löst zunächst die Trockenhefe in der halben Tasse Wasser auf und rührt die Tasse Mehl dazu. 250 g Mehl werden in eine Schüssel gesiebt. Sobald der Vorteig gegangen ist, gibt man ihn in eine Vertiefung im Mehl. Zucker, Vanillezucker, Butter, Milch, Ei und die Gewürze vermischt man mit dem Vorteig. Dieses Gemenge wird nach und nach mit dem Mehl zu einem mittelfesten Teig verarbeitet, der eine dreiviertel Stunde mit Mehl bestreut und zugedeckt an einem warmen Ort gehen muß. Auf einem bemehlten Backbrett teilt man den Teig in drei gleiche Teile, formt aus jedem Teil eine dicke Wurst und flicht einen Zopf. An einem Ende wird das hartgekochte rote Ei eingedrückt, der Zopf mit einem (nach Belieben mit etwas Wasser verquirlten) Eidotter bestrichen und mit den Sesamsamen bestreut. (Ei und Sesam sind übrigens aus heidnischer Zeit überlieferte Fruchtbarkeitssymbole und damit die passende Verzierung für ein solches Frühlingsgebäck.) Man legt den Zopf auf ein geöltes Blech. Gebacken wird er (ohne daß man ihn noch einmal rasten läßt) auf der unteren Schiebeleiste für 30 bis 40 Minuten bei 180° C.
Der Geschmack der Tsureki wird bestimmt durch Sesam und Masticha, ein Harz, das man in Läden mit griechischen und türkischen Lebensmitteln kaufen kann. Es bildet auch die Grundsubstanz für griechischen Kaugummi. Zum Würzen wird es in einem Mörser pulverisiert. Ist es nicht erhältlich, kann man es durch feingemahlenen Kardamom ersetzen.

Es gibt Flechtgebäcke aus 3, 4, und 5 Strängen. Die einfachste Form ist der dreisträngige Zopf. Das Foto zeigt das Flechten mit 5 Strängen.

Oster-Fochaz (oder Fochez) aus Südtirol

500 g Weizenmehl, Type 405
⅜ l warme Milch
80 g Zucker
1 Päckchen Trockenhefe
etwas Schmalz zum Bestreichen des Blechs

Man nimmt etwas von der Milch ab, löst die Hefe darin auf, gibt einen Teelöffel voll Zucker dazu und hält die Milch lauwarm, bis die Hefe an der Oberfläche schwimmt. Dann siebt man das Mehl in eine Schüssel, mischt den Zucker darunter, gibt die aufgelöste Hefe und den Rest der Milch dazu und verarbeitet die Zutaten zu einem mittelfesten Teig, den man eine halbe Stunde zugedeckt warm stellt. Dann formt man einen flachen Fladen, indem man den Teig auf einem gefetteten Backblech breit drückt. Man läßt den Fladen noch einmal kurz gehen und stichelt die Oberfläche mit einer Nadel oder einem Teigrädchen. Gebacken wird der Fochaz eine halbe Stunde auf der mittleren Schiebeleiste bei etwa 180° C.
Ein ähnlicher Teig, oft aus „sehr dunklem Weizenmehl“, wird zum Sonntag als „Loab“ verbacken, womit hier aber ein längliches Brot (etwa 40 cm lang) gemeint ist.

Schwedisches Vörtbröd (Gewürzbrot)

Für den Vorteig
2 Würfel Preßhefe
½ l Porter (oder Malzbier)
50 g Butter
3 EL Sirup, 3 EL Honig
1 Messerspitze Salz
etwa ¼ der unten angegebenen Mehlmenge

Für den übrigen Teig
150 g Rosinen (oder 200 g gekochtes, gehacktes Orangeat)
½ TL gemahlene Nelken
1 Messerspitze Ingwer oder Anis
1 Messerspitze gemahlener Fenchel
¾ kg Roggenmehl, Type 1370 (aus dem Reformhaus)

Man bröckelt die Hefe in eine Schüssel und löst sie in etwa einem Achtelliter Porter bzw. Malzbier auf. In einem Tiegel läßt man die Butter zerlaufen, gibt das restliche Bier (oder den Porter), Sirup, Honig und Salz dazu und rührt so lange, bis Sirup und Honig völlig aufgelöst sind. Diese Flüssigkeit soll handwarm sein, wenn man sie zur aufgelösten Hefe gießt.

Nun rührt man unter den Vorteig Rosinen, Gewürze und einen Teil des Mehls und wirkt diesen Teig kräftig durch. Ist das geschehen, knetet man den Rest des Mehls dazu. Wenn alle Zutaten gleichmäßig vermengt sind, deckt man den Teig mit einem feuchten Tuch zu und läßt ihn eine halbe Stunde im Warmen stehen. Er sollte sein Volumen in dieser Zeit etwa verdoppeln. Dann hebt man den Teig auf ein bemehltes Backbrett, teilt ihn in vier Teile und formt längliche Wecken, die man nebeneinander in eine große, gefettete Bratpfanne legt (aber möglichst nicht anschiebt). Mit einem feuchten Tuch bedeckt, läßt man die Wecken wieder eine halbe Stunde gehen. Bei 200° C bäckt man die Brote etwa 40 Minuten auf der unteren Schiebeleiste. Gleich nachdem sie fertig gebacken sind, pinselt man sie mit Sirupwasser ein.
Dieses „Vörtbröd" ist ein typisches Schwedenbrot. In Schweden wird viel süßes Brot gegessen, auch dann, wenn es – nach unserem Geschmack – nicht zum Charakter des Belags paßt. Auf jeden Fall schmeckt ein solches Gewürzbrot gut mit Butter.

Ostfriesisches „Sünnerklaasgoot" (Nikolausgut)

1 kg Weizenmehl, Type 550 (aus dem Reformhaus) oder Type 405
knapp ¾ l warme Milch
1½ Würfel Preßhefe
40 g Zucker
100 g Butter
1 Messerspitze Salz
1 Messerspitze Kardamom
Rosinen zur Verzierung

Man siebt das Mehl in eine Schüssel, löst die zerbröckelte Hefe mit dem Zucker in der warmen Milch auf, gießt die Milch in eine Vertiefung im Mehl und verrührt sie mit ein wenig Mehl zu einem Vorteig, der zugedeckt etwa 20 bis 30 Minuten warm gestellt wird. Dann verarbeitet man den Vorteig, zerlassene Butter, Salz und Kardamom mit dem Mehl zu einem festen Teig, der so lange mit dem Rührlöffel geschlagen wird, bis er sich von der Schüssel löst. Dann stellt man ihn, mit Mehl bestreut und zugedeckt, etwa 30 bis 40 Minuten warm. Auf bemehlter Unterlage wird der Teig ausgerollt, die Figuren werden entweder mit einer Schablone oder mit einem scharfen Messer freihändig geformt, Augen, Mund und Knöpfe mit Rosinen markiert. Auf gefettetem Blech werden die Figuren auf der mittleren Schiebeleiste bei 200° C etwa 20 Minuten gebacken.
Das Material für das traditionelle ostfriesische Nikolausgebäck ist in der schlichteren Ausführung ein einfacher Semmelteig, in der aufwendigeren Version ein feinerer „Stuten"-Teig. (Mit „Stuten" bezeichnen die Ostfriesen ihr Weißbrot.) Figuren wie der „Sünnerklaaskeerl" (Sankt Nikolaus), der „Rüter-up-Peerd" (Sankt Nikolaus zu Pferd), das „Stutenswien" oder „Adam und Eva" (Mann und Frau) wurden entweder mit Hilfe von geschnitzten Holzmodeln oder frei von Hand geformt.

Gerichte aus Roggen- und Gerstenmehl

Die folgenden Gerichte haben nur entfernt etwas mit Brot zu tun, doch sind sie allesamt aus Brotgetreidemehlen hergestellt. Unsere heute fast allgemeine Beschränkung auf den Gebrauch von Weizenmehl für jede Art von Mehlspeisen bedeutet eine bedauerliche Verarmung der kulinarischen Szene, die uns vieler Differenzierungsmöglichkeiten beraubt hat. Roggen- und Gerstenmehl zum Beispiel haben einen sehr charakteristischen Geschmack, der bestimmten Gerichten ihre unverwechselbare Individualität verleiht. Böhmische Liwanzen zum Beispiel werden heute aus Weizenmehl gemacht, obwohl das Originalrezept Gerstenmehl vorsieht. Hier ist es:

Böhmische Liwanzen

¾ l lauwarme Milch
300 g Gerstenmehl
oder Weizenmehl, Type 405
2 Eier
1 EL Zucker
1 Prise Salz
20 g Hefe
Fett zum Ausbacken

Die angewärmte Milch wird in einen hohen Topf gegossen (oder gleich in diesem angewärmt) und mit Mehl, Eiern, Zucker, Salz und der zerbröckelten Hefe zu einem flüssigen Teig verquirlt. Man läßt diesen Teig zugedeckt etwa eine halbe Stunde an einem warmen Ort stehen. Wenn er Blasen bildet und im Topf deutlich gestiegen ist, erhitzt man in einer Liwanzenform (oder einer Spiegeleierform) das Ausbackfett und gießt in jede Vertiefung einen Schöpflöffel voll Teig (ungefähr einen Zentimeter hoch). Ist die Unterseite gebräunt, wendet man die Liwanzen und bäckt sie auch auf der anderen Seite goldgelb. Gegessen werden sie noch warm mit zerlassener Butter und einer Mischung aus Zucker und Zimtpulver, die darauf gestreut wird, mit Powidl (Pflaumenmus) oder mit Mohn – in Böhmen eigentlich ein Mohnbrei, der mit Milch gekocht und in einer Tonschüssel (dem „Mouschorb") so lange mittels einer Holzkeule gerieben wird, bis die Masse ganz glatt und geschmeidig ist.
Mit einem Topf Kaffee bildeten die Liwanzen ein beliebtes Freitagmittagessen.

Steirer Krapfen

▷

Dieses Fettgebackene hat mit den uns bekannten Faschingskrapfen oder „Berlinern" überhaupt nichts zu tun. Mit „Krapfen" bezeichnete man ursprünglich nämlich jede Art von Schmalzgebackenem. Dieses Rezept stammt von Ennstaler Bergbauern.

500 g Roggenmehl,
Type 1370
(aus dem Reformhaus)
Salz nach Geschmack
eventuell 1 EL Kümmel
½ l Buttermilch
(andere Quellen nennen wahlweise Wasser oder Magermilch)
1 kg Schweineschmalz zum Ausbacken
200 g Steirer Kas (oder geriebener Hartkäse)

Das Mehl wird in eine Schüssel gesiebt, mit den Gewürzen gemischt und mit der Flüssigkeit zu einem festen Teig verknetet, der eine halbe Stunde rasten muß (damit die Stärke Zeit zum Quellen hat). Dann formt man ihn zu einer dicken Rolle von etwa 6 cm Durchmesser, die in 4 cm dicke Scheiben geschnitten wird. (Da sich kleinere Portionen besser handhaben lassen, sollte man zum Üben die Scheiben nur etwa halb so dick schneiden.) Diese Scheiben werden auf bemehlter Unterlage und mit Mehl bestreut messerrückendünn ausgewalkt. Man erhitzt das Schweineschmalz und bäckt die Krapfen rasch auf beiden Seiten darin (sie sollen aber nicht braun werden). Die fertigen werden zur Seite gestellt und mit einem Tuch zugedeckt, bis der Teig verbraucht ist. Gegessen werden die Krapfen mit Käse bestreut und gerollt wie Omeletts. Im Ennstal werden am Samstag Krapfen in entsprechender Menge für die ganze Woche gebacken. Am besten schmecken sie natürlich frisch aus der Pfanne.
Obwohl manche Steiermärker ihre Krapfen Fremden gegenüber schamhaft verstecken, darf man sie ohne weiteres als Schmankerl bezeichnen. Einer Erläuterung bedarf sicher noch der „Steirer Kas", der nur noch auf wenigen Almen gemacht wird. Er hat eine krümelige Konsistenz, ist im Jugendstadium gummiartig, später bröselig-trocken und durch und durch blaugrau von (eßbarem) Schimmel. Wer ihn kennenlernen möchte, ohne eine Alm zu besteigen: In der Steiermark kann man ihn in Kramläden kaufen (aber auch nicht mehr überall).

Haubakiachl aus Au am Inn

500 g Weizenmehl,
Type 405
250 g Roggenmehl,
Type 1370
(aus dem Reformhaus)
2 gestrichene TL Salz
3–4 Eiweiß
etwa ½ und ⅛ l kalte Fleischbrühe
250 g Schweineschmalz

Das Mehl wird gesiebt, mit dem Salz gut vermischt und mit Eiweiß und Fleischbrühe zu einem festen Teig verarbeitet. In einer geräumigen Pfanne erhitzt man das Schmalz, sticht Teigstücke von der Größe eines kleinen Apfels ab und bäckt sie im Fett schwimmend. Zunächst deckt man die Pfanne zu, bis der aus dem Fett herausragende Teil angegart ist, dann nimmt man den Deckel ab, wendet die Haubakiachl und bäckt sie, bis sie goldbraun sind.
Sie werden frisch zur Fleischsuppe gegessen. Da sie kein Lockerungsmittel enthalten, sind sie sehr fest.

Dämpfnudeln aus Rott am Inn

werden auch Bauchstecherl oder Sargnägel genannt.

250 g Roggenmehl,
Type 1370
(aus dem Reformhaus)
1 TL Salz
2 Eiweiß
etwa ⅛ l kaltes Wasser
50 g Butterschmalz zum
Ausbacken
½ Tasse Wasser

Man siebt das Mehl in die Schüssel und vermischt es mit Salz, Eiweiß und Wasser zu einem festen Teig, der auf einer bemehlten Arbeitsplatte etwa ½ mm dick ausgewalkt wird. Man schneidet 2 bis 3 cm breite Bandnudeln, etwa 10 cm lang, erhitzt das Butterschmalz in einer Pfanne und bräunt die Nudeln auf beiden Seiten bei nicht zu starker Hitze etwas an. Dann gießt man vorsichtig eine halbe Tasse Wasser zu und läßt das Gericht so lange dämpfen, bis das Wasser ganz aufgesogen ist. Man gibt noch einen Löffel Schmalz dazu und brät die Dämpfnudeln beidseitig knusprig braun.

Kvasovka (Sauerteigsuppe)

Von diesem vermutlich dem slawischen Kulturkreis entstammenden Gericht berichteten mir zwei Schlesierinnen, die es unter dem polnischen Namen „Žur" kannten, und eine Tschechin, die im deutsch-tschechischen Sprachgrenzgebiet zu Hause war. Von ihr kommt das nachstehende Rezept.

1 l Wasser
3–4 TL Salz
1 EL Kümmel
1 große gewürfelte Zwiebel
¼ l dickflüssiger Sauerteig
aus Roggenmehl (s. S. 49)
⅛ l süßer Rahm oder Milch
2 verquirlte Eier

Das Wasser wird in einem großen Topf zum Kochen gebracht und gesalzen. Kümmel und Zwiebelwürfel werden etwa zehn Minuten mitgekocht, dann quirlt man den Sauerteig ins Wasser und läßt die Suppe fünf bis zehn Minuten bei schwacher Hitze unter ständigem Rühren kochen. Dann rührt man mit dem Schneebesen den Rahm oder die Milch und die verquirlten Eier ein, die nun flockig in der Suppe schwimmen. Dazu gibt es gekochte oder im Rohr gebackene Kartoffeln.

Kochen mit Brot

Trotz aller Vorkehrungen ist es kaum zu vermeiden, daß Brot manchmal (bei manchen regelmäßig) einfach alt wird. Brot wegzuwerfen galt bei den Bauern schlichtweg als Sünde – Brot war heilig. Wie eine Umfrage ergab, haben auch Städter noch heute eine gewisse Scheu, Brot zu vernichten. Bei aller Scheu sollte man auf keinen Fall eines tun: verschimmeltes Brot essen, auch nicht, wenn man die Schimmelstellen entfernt hat. Die beim Schimmeln entstehenden toxischen Stoffe sind in ihrer Gefährlichkeit nicht zu unterschätzen. Hier irrte die bäuerliche „Weisheit", die behauptete, wer schimmliges Brot esse, bleibe gesund, wie man z. B. in der Batschka sagte. (Heute weiß man, daß diese toxischen Stoffe zu Leberkrebs führen können.)

Für altbackenes Weißbrot oder Semmeln findet sich vielfältige Verwendung. Man kann Semmeln zu Bröseln verarbeiten und Weißbrotscheiben in Milch tränken, ausdrücken, in Ei wälzen und in Fett ausbacken. Schwarz- oder Mischbrot eignet sich besser für Brotsuppen. Hier zwei Rezepte aus dem Günzkreis: Wenn die alten Kartoffeln nicht mehr gut waren, ersetzte man die Kartoffelgerichte durch eine Brotsuppe. Man verkochte die Brotscheiben in etwas leicht gesalzenem Wasser, strich sie durch ein Sieb, dickte die Suppe mit Einbrenne ein und verquirlte ein Ei darin. Unabhängig davon weichte man jeden Abend Brotschnitten in ein wenig Salzwasser ein. Am nächsten Tag verkochte man das Brot und verrührte es zu einer sämigen Suppe, die mit ein bis zwei Löffel Butterschmalz oder, hatte man keines im Haus, mit Schweineschmalz verfeinert wurde. Die Suppenschüssel kam auf den Tisch, und jeder schöpfte sich die Suppe über die zerdrückten Pellkartoffeln auf seinem Teller. Manche gossen sogar noch etwas Milch dazu. Im Böhmischen gab es vor allem als magenstärkende Krankenkost eine „Bettelsuppe": Eine Scheibe altes Mischbrot wird in Würfel geschnitten, Ingwer auf einer Gewürzreibe gerieben, ein gestrichener Teelöffel von dem Pulver über das Brot gestreut, kochendes Wasser darüber gegossen. Die Suppe wird mit Salz abgeschmeckt und mit einem Teelöffel voll Butter verfeinert (s. S. 122).

Wenn es um die „Brotküche" geht, sind der Phantasie, wie man sieht, keine Grenzen gesetzt, und wer da glaubt, aus den Rezepten schmecke man die Resteverwertung heraus, der irrt sich. Die meisten von ihnen sind eine überraschende Gaumenfreude. Die folgende Auswahl soll einen Begriff davon geben.

Ausgebackenes Weißbrot

½ l Milch, 4 Eier
2 EL Zucker, 1 Prise Salz
1 TL Zimt
etwas Muskatblüte
1 Weißbrotwecken (500 g) vom Vortag
500 g Butterschmalz
ein beliebiger Backteig
etwas Zucker und Zimt

Milch, Eier, Zucker, Salz, Zimt und Muskatblüte gibt man in eine Schüssel und vermischt alle Zutaten gründlich mit dem Schneebesen. Dann schneidet man mit einem scharfen Messer die Rinde vom Brot (nicht zu dick!) und legt dieses in die Flüssigkeit, bis es sich vollgesogen hat. Dann erhitzt man in einer Friteuse das Butterschmalz, taucht den Semmelwecken in den Backteig und brät ihn von allen Seiten goldbraun. Schließlich hebt man ihn mit dem Schaumlöffel aus dem Schmalz auf eine Platte, bestreut ihn mit Zucker und Zimt und serviert ihn als Nachspeise mit einer Fruchtsauce.

Überbackenes Weißbrot mit süßer Fülle

500 g Apfelmus
1 Stückchen Schale einer unbehandelten Zitrone
1 Glas Weißwein
3 Eidotter
einige EL Semmelbrösel
6–8 Amaretti (bittere Makrönchen; in Lebensmittelabteilungen der Kaufhäuser oder italienischen Läden)
4 Milchbrötchen vom Vortag
1 l Milch
1 Eiweiß zum Bestreichen
ein beliebiger Ausbackteig
500 g Butterschmalz

Das Apfelmus (Konserve aus dem Glas oder selbst hergestellt) wird mit Zitronenschale und Weißwein etwa zehn Minuten bei schwacher Hitze sanft gekocht. Dann rührt man, ohne das Mus vom Herd zu nehmen, die Eidotter und so viel Semmelbrösel mit dem Schneebesen darunter, bis es die Konsistenz eines dicken Breies hat. Schließlich mengt man die zerkrümelten Amaretti darunter. Mit einer scharfen Reibe reibt man die Rinde von den Brötchen, schneidet diese jeweils horizontal durch, höhlt beide Hälften aus, badet sie kurz in der Milch und füllt sie mit dem Apfelmus. Die Schnittlinien bestreicht man mit Eiweiß und legt die beiden Semmelhälften zusammen. Die Brötchen werden nun vorsichtig in einen Backteig getaucht und im erhitzten Butterschmalz von allen Seiten goldbraun gebacken. Das Gericht wird mit einer Schaumsoße (z. B. Weinschaumsoße) als Nachtisch aufgetragen. Bei diesem Rezept erweist sich ein Semmelteig mit Emulgator (s. S. 120), wie er heute von Industrie wie Handwerk verwendet wird, als recht nützlich, da die eingeweichte Krume einen besseren Zusammenhalt hat und sich besser handhaben läßt.

Pandorato

½ Kastenweißbrot vom Vortag
2 frische Mozzarella-Käse
8 Sardellenfilets
¼ l lauwarme Milch
etwas Mehl
3 Eier, etwas Salz
½ l Pflanzenöl zum Ausbacken

Man schneidet das Brot in vier Scheiben, jede ca. 3 cm dick. Mit einem spitzen Messer schneidet man in jede Brotscheibe (horizontal) eine Tasche, in die man eine Scheibe Mozzarella und ein Sardellenfilet steckt. Dann taucht man das Brot ganz kurz in die lauwarme Milch und wälzt es in Mehl. Sodann verquirlt man die Eier, schmeckt sie mit Salz ab und badet die Brotscheiben darin, die man anschließend auf eine Platte legt und mit dem restlichen Ei übergießt. Wenn sich das Brot vollgesogen hat, erhitzt man das Öl in einer Friteuse oder in einem Eisentopf und bäckt die Brote von allen Seiten goldgelb. Das sollte auf keinen Fall zu rasch gehen, damit der Käse in den Taschen schmelzen kann.

Böhmischer Semmelauflauf

Dieser böhmische Semmelauflauf unterscheidet sich nur unwesentlich vom oberfränkischen „Semmelessen".

4 altbackene Semmeln
½ l warme Milch
4 Eier
Salz, frisch gemahlener weißer Pfeffer und abgeriebene Muskatnuß zum Abschmecken
2 EL fein geschnittener Schnittlauch
1 gehäufter EL Butter zum Einfetten der Auflaufform
1 EL Butter in Flöckchen

Man bricht oder schneidet die Semmeln in grobe Stücke, gibt sie in eine Schüssel und übergießt sie mit der warmen Milch. Wenn sie völlig durchgeweicht sind, drückt man sie mit der Hand aus, verquirlt in einer anderen Schüssel die Eier mit etwa einem Achtelliter der (ausgedrückten) Milch, schmeckt mit Salz, Pfeffer und Muskat ab und rührt den Schnittlauch darunter. Nun mischt man die ausgedrückten Semmelstücke mit der Eimischung, fettet eine passende Auflaufform mit dem Eßlöffel Butter ein und gießt die Mischung hinein. Man bäckt den Auflauf etwa eine halbe Stunde bei mittlerer Hitze im Backrohr. Wenn er fast fertig ist, verteilt man die Butterflöckchen auf der Oberfläche. Der Auflauf muß hoch aufgegangen und appetitlich goldgelb sein. Man darf ihn nicht zu lange im Rohr lassen, weil er sonst wieder zusammenfällt. Das tut er übrigens auch, wenn er, aus dem Rohr genommen, zu lange darauf warten muß, gegessen zu werden. Er soll also im richtigen Moment aus dem Backrohr geholt und sofort verspeist werden.
Im Böhmischen aß man dazu Salzkartoffeln mit etwas zerlassener Butter.
Zum oberfränkischen „Semmelessen" dagegen gehört Salat, Fleisch oder auch Dörrobst (als Kompott). Soll es mit Salzigem kombiniert werden, bäckt man den Auflauf in ausgelassenem Speck.

Bayerischer Semmelauflauf

4 Semmeln vom Vortag
½ l lauwarme Milch
3 Eier
etwas Zucker
nach Belieben Rosinen und/ oder Apfelschnitze
etwas Butterschmalz für die Form

Man zerläßt in einer glasierten, feuerfesten Keramikform das Butterschmalz, schneidet die Semmeln in dünne Scheiben und schichtet eine Lage davon auf den Boden der Keramikform. Milch, Eier und Zucker werden verquirlt und soviel davon über die Semmeln gegossen, daß diese gut bedeckt sind. Es folgt wieder eine Lage Semmelscheiben, Milch, Semmelscheiben und so weiter. Manche legen auch ein paar Apfelschnitze und/oder Rosinen zwischen die Lagen. Vor dem Backen läßt man die Semmeln gut aufweichen. Man bäckt den Schmarrn vorsichtig auf der Herdplatte an. Wenn er beginnt, am Boden der Form anzuhängen, löst man ihn mit einem Omelettenheber ab, zerrupft ihn mit der Gabel und läßt ihn nach und nach fest werden, wobei man die oberen Schichten zuunterst kehrt. Vor dem Servieren streut man nach Geschmack noch etwas Zucker darüber.

Scheiterhaufen

▷

4 altbackene Semmeln
¼ l lauwarme Milch
2 Eier, getrennt
25 g Butter
40 g Zucker
Rosinen
gehackte Nüsse
etwas abgeriebene Schale einer unbehandelten Zitrone
400 g Äpfel
3 EL Zucker
1 gehäufter TL Zimt
1 Prise Salz
etwas Butter zum Einfetten der Form
Butterflocken

Man schneidet die Semmeln in dünne Scheiben (oder nimmt eine entsprechende Menge Knödelbrot) und übergießt sie mit der lauwarmen Milch. Während die Semmeln weichen, rührt man Eigelb, Butter und Zucker schaumig und mischt dann die aufgeweichten Semmeln, Rosinen, Nüsse und das Abgeriebene von der Zitronenschale darunter. Dann schält man die Äpfel, schneidet oder hobelt sie feinblättrig und vermischt sie mit Zucker und Zimt. Nun schlägt man mit einer Prise Salz das Eiweiß steif und mischt es vorsichtig unter die Auflaufmasse. Schließlich buttert man eine Auflaufform, gibt eine Schicht von der Auflaufmasse hinein, darüber eine Lage Äpfel, dann wieder eine Schicht Auflaufmasse usw. Die oberste Schicht wird mit Butterflöckchen belegt. Man bäckt den Auflauf im vorgeheizten Backrohr bei ca. 160 °C etwa 40 Minuten goldgelb.

Variante:
Man kann 250 Gramm Quark und zwei Eßlöffel Zucker unter die Auflaufmasse rühren, bevor man den Eischnee unterzieht, läßt dann aber die Äpfel weg.

Kirschenmichel

Der Auflauf wird nach dem Rezept vom „Scheiterhaufen“ hergestellt, man läßt jedoch die Äpfel weg und nimmt statt dessen 300 Gramm Kirschen und 25 Gramm Zucker. Man entsteint die Kirschen, mischt sie mit dem Zucker und mengt sie unter die Auflaufmasse, bevor man den Eischnee unterzieht.

Pane frattau

2 bis 3 Fladen Pane carasau (s. S. 94)
1 l heißes Wasser
2 Knoblauchzehen
1 mittelgroße Zwiebel
3 EL Öl
einige Stengel Petersilie, kleingehackt
300 g Hackfleisch
½ l passierte Tomaten (Konserve), Salz
50 g geriebener sardischer Schafkäse (Pecorino)
1 Ei

Das in Stücke gebrochene Brot wird zunächst in heißem Wasser eingeweicht. Man schneidet Knoblauch und Zwiebel fein und brät sie im Öl an, bis der Knoblauch beginnt, sich goldgelb zu färben. Dann gibt man die Petersilie und das zerpflückte Hackfleisch dazu und läßt dies kurze Zeit mitbraten, wobei man es mit einer Gabel möglichst fein zerteilt. Die passierten Tomaten werden darübergegossen und mit Salz abgeschmeckt. In eine feuerfeste, glasierte Keramikform gibt man etwas von der Hackfleischsoße und legt eine Lage des eingeweichten Brotes hinein. Darüber streut man geriebenen Schafkäse. So verfährt man Lage für Lage in der Reihenfolge: Hackfleischsoße (von der man jedoch einige Eßlöffel zurückbehält), eingeweichtes Brot, geriebener Käse. Zuoberst kommt eine Lage Brot. Nun verquirlt man das Ei mit der restlichen Soße, mischt noch etwas geriebenen Käse darunter und übergießt damit die oberste Lage in der Form. Im heißen Backrohr überbäckt man das Gericht, bis das Ei geronnen ist (ca. 160–180 °C). Man serviert es in vorgewärmten Suppentellern.

Panzanella

▷

Die Panzanella ist ein „Brotsalat" – ein appetitanregendes kaltes Gericht, das in der Toskana vor allem in den heißen Sommermonaten sehr geschätzt wird.
Wie bei den meisten Gerichten, zu deren Hauptzutaten aufgeweichtes Brot gehört, kommt es auch bei der Panzanella entscheidend auf die Qualität des Brotes an. Völlig ungeeignet ist die Verwendung von Weißbrot, das Emulgatoren enthält. Nun wird einem, so absurd das anmutet, unter Umständen nicht einmal der Bäcker sagen können, ob das Weißbrot, das er bäckt, diese Chemikalie enthält oder nicht. Seine Zulieferfirmen nämlich bescheren ihm fix und fertige Mehlmischungen, in denen alle Backzutaten einschließlich all der Zusatzstoffe enthalten sind, die oft nur eine gute Qualität vortäuschen. Wenn man also beim Bäcker keine Auskunft bekommt, muß man wohl oder übel einmal ein Weißbrot zur Probe kaufen. Man kann leicht selbst feststellen, ob Emulgatoren im Spiel sind, indem man dieses einfache kleine Experiment macht: Man schneidet eine dickere Scheibe vom Brot und legt sie in lauwarmes Wasser, bis sie sich voll Wasser gesogen hat. Dann zerpflückt man die Krume mit beiden Händen: wurden Emulgatoren verwendet, hat die Krume einen watteartigen Charakter, ist weich und „strähnig", war der Teig frei von Emulgatoren, zerfällt die Krume nach dem Einweichen bröckelig. Die einzelnen Poren sind deutlich zu erkennen und sogar zu spüren. Die Krume fühlt sich rauh und kratzig an. Genau so muß das Weißbrot beschaffen sein, das man für eine Panzanella braucht.

etwa 500 g altbackenes Weißbrot (in diesem Fall darf es sogar ziemlich hart sein)
reichlich lauwarmes Wasser
300 bis 500 g Tomaten (möglichst noch nicht ganz reif)
1 Stengel Bleichsellerie
4–5 Stengel Petersilie
4 Stengel Basilikum
einige Sellerieblättchen
3–4 Sardellenfilets (nach Geschmack)
1 Gemüsezwiebel
2 EL Kapern
etwa ⅛ l weißer Weinessig
Salz und frisch gemahlener Pfeffer zum Abschmecken
4–5 EL Olivenöl

Man weicht das Brot in dem lauwarmen Wasser ein, bis es sich ganz vollgesogen hat. Dann löst man die Rinde von der Krume, drückt die Krume fest aus und zerpflückt sie in einer großen Schüssel. Die Tomaten werden in schmale Spalten geschnitten, der Selleriestengel in sehr dünne Scheibchen. Man zerpflückt jetzt Sellerie-, Petersilien- und Basilikumblättchen (beim Hacken tritt zu viel Saft aus!), entgrätet die Sardellenfilets und schneidet sie in Querstreifen. Zum Schluß schneidet man die Zwiebel in feine Ringe. (Die Zwiebel sollte immer erst am Ende der Vorbereitungen geschnitten werden, da sie beim Liegen an der Luft ziemlich schnell ihren Geschmack verändert). Nun vermischt man alle Zutaten, samt der Kapern, vorsichtig mit der feuchten Brotkrume und schmeckt mit Essig, Salz und Pfeffer ab. Schließlich gibt man das Olivenöl darüber und lockert dann den Salat lediglich mit einem Salatbesteck, damit das Öl etwas einsickern kann.
Panzanella wird in ländlichen Gasthäusern der Toskana als Vorspeise angeboten – selbstverständlich für jede Bestellung frisch zubereitet! In der Familie bildet sie auch oft die Hauptmahlzeit.
Das Rezept für Panzanella wird von Familie zu Familie variiert, je nach Geschmack und vorrätigen Zutaten. So kann es durchaus sein, daß man auch einmal eine Panzanella ohne Sardellen oder Kapern vorgesetzt bekommt, auch ohne Essig. Tomaten jedoch, Zwiebel, Bleichsellerie und Basilikum (und natürlich Weißbrot!) dürfen nicht fehlen. Gegessen wird dieser Salat sehr kalt. Man stellt ihn sogar für einige Stunden vor dem Essen in den Kühlschrank.

Panadesupe

2 altbackene, aber noch nicht harte Semmeln
1 l kaltes Wasser
1 schwach gehäufter TL Salz
40 g Butter (nach Belieben)
1/16 l Schlagrahm
1 gehäufter EL gehackte Petersilie oder Schnittlauch
abgeriebene Muskatnuß
1 Messerspitze gemahlener weißer Pfeffer
2 Eidotter

Die Semmeln werden in dünne Scheiben geschnitten und in einem Kochtopf mit dem kalten Wasser übergossen. Man bringt das Wasser zum Kochen, gibt das Salz und die Butter dazu und läßt es fünf bis zehn Minuten bei kleiner Hitze sanft weiterkochen. Anschließend nimmt man den Topf vom Feuer und verarbeitet das Ganze mit dem Elektroquirl zu einer dickflüssigen Suppe, in die man schließlich den Schlagrahm rührt. Man stellt den Topf auf die Herdplatte zurück und hält die Suppe heiß, ohne sie kochen zu lassen. Nun hackt man Petersilie oder Schnittlauch, schmeckt die Suppe mit Pfeffer und Muskat ab und legiert sie mit den beiden Eidottern. Die Suppe darf jetzt nicht mehr kochen, da sonst der Dotter gerinnt. Die Panadesuppe wird in vorgewärmte Suppenschalen geschöpft, mit den gehackten Kräutern bestreut und sofort serviert.

Tschechische Brotsuppe

250 g altbackenes, aber nicht hartes Mischbrot
1 1/8 l Knochenbrühe
1/8 l + 1/8 l Milch
2 gehäufte EL Mehl
2 Eidotter
Salz und frisch gemahlener Pfeffer zum Abschmecken
1 EL gehackte Petersilie

Das Brot wird in Scheiben geschnitten, in einem Kochtopf mit der (durchgeseihten) Knochenbrühe übergossen und weichgekocht. Mit dem Elektroquirl wird die Suppe anschließend püriert und zur Seite gestellt. In einem Achtelliter Milch verquirlt man das Mehl, rührt es glatt und gibt es so unter Rühren mit dem Schneebesen an die Suppe, die man anschließend, wieder unter Rühren, noch einmal aufkocht. Nun verquirlt man die beiden Eidotter mit dem zweiten Achtelliter Milch und legiert damit die Suppe, die jetzt nicht mehr kochen darf. Man schmeckt mit Salz und Pfeffer ab, gibt die Suppe in vorgewärmte Suppenschalen und bestreut sie mit gehackter Petersilie.

Böhmische „Bettelsuppe" (auch: Ingwersuppe)

Für einen Teller nimmt man:
1 dicke Scheibe altbackenes (aber nicht hartes) Brot
getrockneter abgeriebener Ingwer (Ingwerpulver) nach Geschmack, etwas Salz
1/4 l kochendes Wasser
1 TL Butter

Diese Brotsuppe wurde als Krankenkost verabreicht, vor allem bei Magenverstimmungen.
Die Brotscheibe wird in ca. 2 × 2 cm große Quadrate geschnitten, in den vorgewärmten Teller gelegt und mit dem abgeriebenen Ingwer und dem Salz bestreut. Man gießt das Wasser darüber und läßt die Butter darin zergehen: Fertig ist die Suppe!
Mit dem Ingwer darf man übrigens recht großzügig umgehen, denn er ist ein sehr magenfreundliches und appetitanregendes Gewürz.

Böhmische Semmelbröselsuppe

70 g Semmelbrösel
50 g Butter, 3 Eier
1¼ l Fleischbrühe
Salz, abgeriebene Muskatnuß
1 EL gehackte Petersilie

Man schmilzt die Butter in einem Kochtopf, röstet die Semmelbrösel darin an, nimmt den Topf vom Herd und rührt mit dem Schneebesen die Eier unter die Brösel. Dann füllt man, weiter mit dem Schneebesen rührend, die Fleischbrühe auf, läßt die Suppe aufkochen, schmeckt sie mit Salz und Muskat ab und streut die gehackte Petersilie darüber.

Pancotto „Gekochtes Brot" aus Kalabrien

2 grüne Paprikaschoten
200 g altbackenes Weißbrot
2–4 Knoblauchzehen
4 EL Öl
1 Lorbeerblatt (wenn möglich frisch)
1 EL gehackte Petersilie
1 EL gehackte Bleichsellerieblätter
300 g Tomatenfruchtfleisch (oder passierte Tomaten als Konserve)
etwas Salz
2 l Brühe

Man wäscht die Paprikaschoten und legt sie so lange ins heiße Backrohr, bis die harte äußere Haut aufplatzt und sich leicht abziehen läßt. Man muß dies allerdings tun, solange die Schoten heiß sind – sonst geht nichts mehr. Die gehäuteten Schoten werden von Stielen und Samen befreit und in Streifen geschnitten. Nun schneidet man das Brot in dünne Scheiben und läßt es bei abgeschaltetem Ofen in der Nachhitze im Rohr kurz rösten. Es darf aber auf keinen Fall braun werden. Anschließend reibt man die Brotscheiben mit etwas Knoblauch ein, erhitzt das Öl in einer Pfanne und gibt die Knoblauchzehen, das Lorbeerblatt, Sellerie und Petersilie hinein. Wenn der Knoblauch goldgelb wird, gibt man die geschälten, mit dem Elektroquirl pürierten Tomaten (oder die passierten Tomaten) dazu, schmeckt mit Salz ab und läßt alles einige Minuten sanft köcheln. Dann nimmt man das Lorbeerblatt und die Knoblauchzehen heraus und fügt die Paprikastreifen hinzu. Nun bringt man in einem Topf die Brühe zum Kochen, gibt die Brotscheiben hinein und läßt diese so lange kochen, bis ein regelrechter Brotbrei entstanden ist (etwa 15 Minuten). Dann gießt man die Soße hinzu, läßt das Gericht gut durchziehen und bestreut es mit gehackter Petersilie. Es wird heiß gegessen.

Pappa con l'uovo Toskanische Brotsuppe mit Ei

etwa 250 g altbackenes (aber nicht hartes) Weißbrot (ohne Emulgatoren, s. S. 120)
¾ l Wasser, Salz
6 reife Tomaten
2 (oder mehr) Knoblauchzehen
einige Bleichsellerieblätter
einige Blättchen Basilikum
4 Eidotter
evtl. geriebener Parmesan

Man bringt das Wasser zum Kochen, schmeckt es mit Salz ab, schneidet das Brot in vier Scheiben und gibt es in das kochende Wasser. Die Tomaten werden abgezogen (am besten, nachdem man sie eine Minute in kochendheißes Wasser gelegt hat) und in Scheiben oder Stücke geschnitten. Zusammen mit dem geschälten Knoblauch, den Sellerie- und Basilikumblättern gibt man sie in die Brotsuppe und läßt alles etwa zehn Minuten bei schwacher Hitze sanft kochen. Dann gibt man in jede vorgewärmte Suppenschale je einen Eidotter, den man mit einer Gabel leicht verquirlt, und schöpft die Suppe darüber. Nach Belieben bestreut man die fertige Suppe mit geriebenem Parmesan.

Zuppa pavese „Bauernsuppe" aus dem Veneto

▷

Pro Teller rechnet man:
1 große Scheibe altbackenes (aber nicht hartes) Weißbrot (möglichst ohne Emulgatoren, s. S. 120)
etwas Öl
etwa ¼ l Brühe
etwas Salz
1 Ei
1 bis 2 EL geriebener Parmesan

Die Brotscheiben werden im Rohr oder in der Pfanne mit etwas Öl auf beiden Seiten angeröstet und in die Suppenteller gelegt. Dann erhitzt man die Brühe, schmeckt sie mit Salz ab und bereitet für jeden Teller ein Spiegelei, das auf keinen Fall eine harte Kruste bekommen darf. Der Dotter soll möglichst flüssig bleiben. Man legt das Spiegelei auf die Brotscheibe, gießt die heiße Brühe darüber und ißt die Suppe mit geriebenem Parmesan.

Pappa col pomodoro Toskanische Tomatensuppe

Dies ist ein typisches Gericht der Seneser Küche. In Siena kochen Mütter und Großmütter diese dicke Brotsuppe, damit die Bambini groß, gesund und stark werden. Aber auch wenn die Kleinen groß, gesund und stark geworden sind, essen sie sie noch leidenschaftlich gern.

250 g vom besten Weißbrot (ohne Emulgatoren, s. S. 120)
8 EL Olivenöl
2 frische Salbeiblätter
1 Zweig Basilikum
4 Knoblauchzehen
Salz und frisch gemahlener schwarzer Pfeffer zum Abschmecken
6 reife Tomaten
⅛ l passierte Tomaten (Konserve)
¾ l Brühe

Das Brot soll altbacken, aber nicht hart sein. Am besten eignet sich helles italienisches Bauernbrot. Wir müssen uns mit dem Angebot des deutschen Marktes begnügen. Immerhin ist in Läden mit italienischen Lebensmitteln auch Weißbrot zu haben, dessen Teig keine Emulgatoren enthält.
In einer großen Eisenpfanne wird das Öl (nicht zu stark) erhitzt, Salbei- und Basilikumblätter und die geschälten Knoblauchzehen werden kurz darin angedünstet. Wenn der Knoblauch sich gelb zu färben beginnt, brät man die Brotscheiben auf beiden Seiten goldgelb, bestreut sie mit etwas Salz und Pfeffer und nimmt die Pfanne vom Herd. Die Tomaten werden abgezogen (das geht besser, wenn man sie zuvor kurz in kochendes Wasser gelegt hat), in Scheiben geschnitten und auf dem Brot verteilt. Dann gießt man die passierten Tomaten darüber und achtet darauf, daß der Pfannenboden mit Flüssigkeit bedeckt ist. Bei schwacher Hitze läßt man das Ganze wenige Minuten köcheln und gießt schließlich die Brühe dazu. Wie dick oder dünn man die Suppe macht, ist eine Frage des persönlichen Geschmacks.
Es gibt noch eine etwas einfachere Variante dieses Rezepts. In diesem Fall wird das Brot nicht in Öl gebraten, sondern nur in Tomaten und Brühe gekocht. Man verwendet jedoch dieselben Zutaten wie oben (einschließlich des Öls).

Zuppa di fagioli Bohnensuppe mit Brot

Diese Suppe ist ein typisches Gericht der Stadt und Provinz Siena. Sie wird sowohl heiß als auch kalt gegessen und schmeckt in beiden Versionen gleich köstlich. Die kalte Zuppa di fagioli läßt man sich gern in der heißen Jahreszeit schmecken. Noch vor etwa zehn Jahren konnte man sie, in kleinen glasierten Keramikschälchen kalt gestellt, in ländlichen Bars entdecken. Erfrischend und nahrhaft, vermag sie eine Mahlzeit zu ersetzen. Will man die kalt gegessene Zuppa di fagioli mit einem modernen Gattungsnamen belegen, so kann man sie als Fastfood bezeichnen, und das war sie schon lange, bevor sich amerikanisches Fastfood auch in Italien breitmachte.
Das Rezept für die Suppe selbst hat nun gar nichts mit Brot zu tun. Da aber die Zuppa di fagioli ohne eine Scheibe Weißbrot nicht denkbar ist, möchten wir hier auch das Rezept für die Suppe verraten. Um es gleich zu sagen: Die Zubereitung kostet relativ viel Zeit – aber die Mühe lohnt sich.

500 g weiße Bohnenkerne oder 1 Dose (1 kg) weiße Bohnen
4 Mohrrüben
1 Stange Lauch
1 Stengel Bleichsellerie
etwa 250 g frischer Weißkohl
3–4 sehr reife Tomaten (oder etwa ⅛ l passierte Tomaten)
etwa 300 g Mangold
1 große weiße Zwiebel
½ Tasse Olivenöl
2 Stengel Basilikum
einige Stengel Petersilie
Wasser
Salz und Pfeffer
pro Teller eine Scheibe Weißbrot (ohne Emulgatoren, s. S. 120)

Verwendet man getrocknete Bohnenkerne, so weicht man sie am Vortag ein und läßt sie über Nacht stehen. Am nächsten Tag kocht man sie weich (am besten im Dampfdrucktopf). Sie werden übrigens schneller gar, wenn man das Kochwasser erst am Ende der Kochprozedur salzt. Will man diesen Arbeitsgang einsparen, greift man zu Bohnen aus der Dose, was der Qualität der Suppe nicht schadet.
Man putzt und schneidet das Gemüse, wobei man vom Lauch nur das Weiße verwendet. Dann schält und schneidet man die Zwiebel, erhitzt das Öl und brät alle Gemüse bis auf die Tomaten und Bohnen kurz darin an, gibt Basilikum und Petersilie dazu und füllt mit Wasser auf. Das Wasser wird zum Kochen gebracht und mit Salz und Pfeffer abgeschmeckt. Nun läßt man die Suppe zugedeckt bei schwacher Hitze köcheln, bis die Gemüse weich sind. Erst jetzt gibt man die gewaschenen und geviertelten Tomaten und die Hälfte der Bohnenkerne samt einem Viertelliter des Kochwassers dazu und läßt die Suppe für etwa 15 Minuten weiterkochen. Dann nimmt man Petersilien- und Basilikumstengel heraus, püriert die Suppe mit dem Elektroquirl und passiert sie durch ein Sieb. Zum Schluß gibt man die restlichen Bohnenkerne dazu und läßt das Ganze noch etwa eine halbe Stunde durchziehen. In die vorgewärmten Suppenteller gibt man je eine Scheibe Brot und schöpft die Suppe darüber. Sie wird übrigens ohne geriebenen Parmesan gegessen.
Wie oben schon gesagt, schmeckt diese Suppe auch hervorragend kalt.

Bayerische Brotsuppe I „Aufgeschmalzene“ Brotsuppe

100 g altbackenes Sauerteigbrot
¾ l Wasser
Salz und frisch gemahlener Pfeffer zum Abschmecken
reichlich getrockneter oder besser frischer Majoran
1 große Zwiebel
50 g Schweineschmalz

Am besten schmeckt die Suppe, wenn man ein reines Sauerteigbrot verwendet. Leider können einem die Verkäufer oft nicht sagen, ob ein Brot mit Sauerteig oder mit Hefe gebacken ist. Wenn der Bäcker selbst keine Auskunft geben kann, muß man einfach ausprobieren, ob ein Brot nach Sauerteig oder Hefe schmeckt (oder nach gar nichts – das kommt auch vor!). Das Sauerteigbrot schmeckt herzhafter, aromatischer und eben etwas säuerlich. Wenn man ein gewürztes Brot (mit Koriander und Kümmel oder Fenchel) zur Brotsuppe verwendet, so ist das dem Geschmack zuträglich, und die Suppe wird noch bekömmlicher. Man schneidet das Brot, das dafür natürlich noch nicht zu hart sein darf, in dünne Scheiben und übergießt es in einem Kochtopf mit dem (lauwarmen) Wasser. Es soll etwa eine Viertelstunde quellen. Dann setzt man den Topf aufs Feuer und bringt das Wasser zum Kochen. Man läßt etwa zehn Minuten kochen, wobei man die Suppe immer wieder kräftig mit dem Schneebesen rührt. Dann streicht man die Suppe durch ein Sieb, schmeckt sie mit Salz, mit frisch gemahlenen Pfeffer und Majoran ab und gibt sie zurück in den Topf, um sie warm zu halten. Man schält und schneidet jetzt die Zwiebel, zerläßt in einer Eisenpfanne das Schmalz und brät die Zwiebel darin goldbraun. Man kann die Zwiebeln unter die heiße Suppe rühren und dann servieren oder zuerst die Teller mit der Brotsuppe füllen und die Zwiebeln darübergeben.

Bayerische Brotsuppe II

Für jeden Teller
1 Scheibe altbackenes (aber noch nicht hartes) Mischbrot
¼ l Brühe
1 Eidotter
1 EL saure Sahne

Man legt in jeden Teller eine Scheibe Brot, erhitzt die Brühe und gießt sie kochendheiß über das Brot. Man gibt sofort einen Eidotter dazu, verrührt ihn und rundet den Geschmack mit einem kräftigen Klecks saurer Sahne ab.

Brotsuppe mit Wein

2 altbackene (aber nicht harte) Semmeln
etwa 1 l Wasser
2 gehäufte EL Zucker
1 Prise Salz
1 Stückchen Schale einer unbehandelten Zitrone
1 Stückchen Zimtschote
⅛ l Weißwein
1 Eidotter

Man schneidet die Semmeln in Scheiben, bringt das Wasser mit dem Zucker, einer Prise Salz, der Zitronenschale und dem Zimt zum Kochen und kocht die Semmeln darin etwa eine Viertelstunde. Dann nimmt man Zimtschote und Zitronenschale heraus und passiert die Suppe durch ein Sieb. Danach läßt man sie noch einmal kurz aufkochen, verquirlt in einem Mixbecher Wein und Eidotter und zieht diese Mischung unter die Suppe, ohne sie noch einmal aufkochen zu lassen. Die Suppe wird sofort in vorgewärmten Tellern serviert.

Oberfränkische Brotsuppe

Pro Teller 1 Scheibe Mischbrot (möglichst Sauerteigbrot)
40 g Schweineschmalz
2 große Zwiebeln
insgesamt gut 1 l Knochen- oder Fleischbrühe
Salz und frisch gemahlener Pfeffer zum Abschmecken
1–2 EL getrockneter Majoran

Man erhitzt das Schweineschmalz in einem großen Topf, schält und schneidet die Zwiebeln fein und läßt sie im Fett goldgelb braten. Dann gießt man die Brühe dazu, läßt sie einige Male aufkochen und schmeckt mit Salz, Pfeffer und Majoran ab. Die Brotscheiben werden in eine vorgewärmte Terrine gelegt und mit der kochendheißen Brühe übergossen. Die Suppe wird möglichst heiß aufgetragen.

Eine Variante dieser Brotsuppe ist die

Oberfränkische Haussuppe ▷

Zutaten wie oben, doch wird in dieser Suppe noch reichlich Gemüse mitgekocht:
3 Karotten
3 Stangen Porree
1 Stückchen Sellerieknolle

Das gewaschene, geputzte Gemüse wird in nicht zu kleine Stücke geschnitten und in der Brühe weich (aber nicht zu weich!) gekocht. Es wird dann mit der Brühe, die genau wie die Oberfränkische Brotsuppe (s.o.) gewürzt ist, gegessen.

Brotsuppe mit Bier

50 g altbackenes Weißbrot
50 g altbackenes Mischbrot
etwa ¾ l Wasser
1–2 Scheiben einer unbehandelten Zitrone
2 EL Zucker
50 g Rosinen
⅛ l Bier
1 Eidotter

Man schneidet das Brot in dünne Scheiben und kocht es in dem Wasser samt den Zitronenscheiben und dem Zucker etwa zwanzig Minuten lang. Dann nimmt man die Zitronenscheiben heraus, passiert die Suppe durch ein Sieb, gibt die Rosinen hinein und läßt die Suppe weiterköcheln, bis die Rosinen aufgequollen sind. In einem Mixgefäß verquirlt man Bier und Eidotter und zieht diese Mischung unter die Suppe, die dann nicht mehr kochen darf. Sie wird in vorgewärmten Tellern aufgetragen.
Man kann bei beiden Brotsuppen (s. S. 127) auch den Alkohol (Bier oder Wein) weglassen. So sind sie für Kinder besser geeignet.

Französische Zwiebelsuppe

4 große Gemüsezwiebeln (insgesamt etwa 700 g)
1 l Wasser
2 gestrichene TL Salz
pro Tasse 1 Scheibe Baguette
1 geschälte Knoblauchzehe
frisch gemahlener weißer Pfeffer
1 Tasse geriebener Gruyere

Man setzt den Topf mit dem Wasser auf den Herd und bringt das Wasser zum Kochen. Inzwischen schält man die Zwiebeln und schneidet sie in feine Ringe. Wenn das Wasser kocht, wird es mit Salz abgeschmeckt, und die Zwiebeln werden darin weich gekocht. Dann röstet man die Baguettescheiben knusprig und reibt sie kräftig mit Knoblauch ein. Nun schmeckt man die Suppe mit frisch gemahlenem Pfeffer ab und füllt sie in ofenfeste Keramikschalen. Auf die Suppe legt man die gerösteten Brotscheiben, bestreut diese großzügig mit dem geriebenen Käse und überbäckt die Suppe 15 bis 20 Minuten im heißen Rohr.
Es ist ratsam, die Suppe vorsichtig zu essen, denn sie ist höllisch heiß und hält die Hitze lange!

Provenzalische Aioli Knoblauchsoße

1 harte Semmel oder entsprechend viel hartes Weißbrot (möglichst ohne Emulgatoren, s. S. 120)
etwa ½ l warmes Wasser
2–8 Knoblauchzehen (nach Belieben)
1 Eidotter (oder ein ganzes Ei)
Salz zum Abschmecken
⅛ l Olivenöl

Man reibt zunächst auf einer scharfen Reibe die Rinde von Semmel oder Brot ab und weicht dann die Krume im warmen Wasser ein, bis sie sich vollgesogen hat. Dann drückt man sie fest mit der Hand aus, zerpflückt sie und gibt sie in ein Mixgefäß. Die Knoblauchzehen werden geschält, durch die Knoblauchpresse gedrückt und auf die Brotkrume gegeben. Darauf legt man Eidotter oder Ei, würzt mit einer Prise Salz und beginnt, mit dem Elektroquirl alles sorgfältig zu mischen, wobei man kontinuierlich das Öl in dünnem Strahl zugießt.
Die fertige Knoblauchsoße muß ziemlich dick sein. Sie paßt ausgezeichnet zu Lamm- oder Hammelbraten, jeder Art kaltem Fleisch, zu Fisch und hartgekochten Eiern. Auch eignet sie sich gut zum Würzen von Salaten.

Englische Brotsoße

50 g harte Semmeln
3 dl Milch
1 kleine Zwiebel
1 Gewürznelke
einige gehackte Blättchen frischer Minze
2 EL Butter
einige EL süße Sahne

Die Semmeln werden zu Bröseln gerieben, die man in einem Kochtopf, mit der Milch übergossen, vorsichtig zum Kochen bringt. Man kocht die geschälte Zwiebel, die Gewürznelke und die Minzeblättchen samt der Butter etwa eine Viertelstunde in der Milch, nimmt dann Zwiebel und Nelke heraus und schmeckt die Soße mit etwas Salz ab. Zum Schluß verfeinert man sie mit der süßen Sahne und serviert sie zu Wildgeflügel.

Geröstete und belegte Brote

Bruschetta Italienisches Röstbrot

Wer in Italien einmal eine Bruschetta von echtem Holzofenbrot gegessen hat, dem wird dieses schlichte Gericht als wahre Delikatesse in Erinnerung bleiben. Man nimmt dafür das beste Weißbrot, das man auftreiben kann (auf jeden Fall ein Brot ohne Emulgatoren, s. S. 120). Bruschetta paßt gut zum Wein, kann aber auch als Vorspeise gegessen werden.

Bruschetta I

4 Scheiben bestes Weißbrot, etwa 2 cm dick geschnitten (als Vorspeise reicht eine Scheibe pro Person)
2 Knoblauchzehen
Salz und frisch gemahlener weißer Pfeffer
etwa 1/16 l Olivenöl

Das Brot wird im heißen Backrohr geröstet, bis es goldgelb ist. Dann reibt man die Scheiben mit Knoblauch ein und legt sie noch einmal kurz in das heiße Backrohr. Anschließend werden sie mit Salz und Pfeffer bestreut, mit Öl beträufelt und sofort serviert.
Dies ist die ursprüngliche Form der Bruschetta. Es gibt aber allerlei Varianten dieser Grundform, wie folgende, bei der die Brotscheiben mit Tomaten und Paprika belegt werden.

Bruschetta II

Man bereitet das Brot wie bei Bruschetta I vor und gibt dann auf jede Scheibe etwa drei Eßlöffel von dem rohen Gemüse, das man wie folgt zubereitet:

2 grüne Paprikaschoten
4 große Fleischtomaten
Salz und frisch gemahlener Pfeffer
1/4 l Olivenöl

Man wäscht das Gemüse. Die Paprikaschoten werden von Stielen und Samen befreit und, wie die Tomaten, in grobe Stücke geschnitten. Man würzt das Gemüse mit Salz und Pfeffer, mischt es gut und läßt es zugedeckt etwa fünf Minuten stehen (nicht zu lange, da sonst den Tomaten zu viel Wasser entzogen wird!). Dann übergießt man es mit Olivenöl, so daß es ganz damit bedeckt ist. So kann man es sogar ein bis zwei Tage im Kühlschrank aufheben.
Die heißen Brotscheiben werden mit dem Gemüse belegt und sofort aufgetragen.

K. u. K. „Appetitsbrote“

▷

Pro Person genügt eine große Scheibe sehr gutes Misch- oder Weißbrot. Der Belag ist nämlich recht üppig.

1 Scheibe Brot
etwas Butter
1 Scheibe gekochter Beinschinken
3 hauchdünne Scheiben ungarischer Salami
2 Streifen Schweizer Käse
1 entgrätete, von der Haut befreite Ölsardine
1 Cornichon
3 Scheiben eines hartgekochten Eies
etwas Mayonnaise
1 Zweig Krauspetersilie
etwas Salz, frisch gemahlener weißer Pfeffer
einige Zwiebelringe

Man bestreicht das Brot dünn mit Butter und legt die Schinkenscheibe darauf. Im übrigen darf man seinem Spieltrieb freien Lauf lassen und die restlichen Zutaten dekorativ auf dem Schinken arrangieren. Der Käse wird mit dem Buntmesser geschnitten, die Cornichons blättrig aufgefächert. Die Eischeiben werden leicht gesalzen und gepfeffert und mit einem Kleckschen Mayonnaise gekrönt. Die Salamischeiben kann man zu Tütchen formen – so bekommt das Appetitsbrot ein ansprechendes Relief!
Zu Appetitsbrot paßt gut ein trockener Weißwein oder ein gepflegtes Pils (ursprünglich natürlich ein echtes Pilsener).

Stangenbrot mit Knoblauch

1 Stangenweißbrot (möglichst hell gebacken, damit es beim Überbacken nicht zu dunkel wird)
4 Knoblauchzehen (nach Geschmack mehr oder weniger)
125 g Butter
etwas Salz

Man kerbt die ganze Stange mit einem scharfen Messer in Abständen von etwa 2 bis 3 cm ein (aber ohne es durchzuschneiden), zerdrückt die Knoblauchzehen in der Knoblauchpresse, schmiert in jede Kerbe etwas Butter und gibt eine Messerspitze Knoblauch und etwas Salz dazu. Man kann auch vorher die streichfähige Butter mit dem zerdrückten Knoblauch und etwas Salz gut mischen – das vereinfacht die Prozedur. Dann überbäckt man das Stangenbrot etwa zehn Minuten im heißen Backrohr und serviert es heiß. Bei Tisch bricht sich jeder Stück für Stück ab (am besten zu einem Glas trockenen Rotweins mit viel Körper oder einem Prosecco).

Gefülltes Weißbrot I

1 frischer Weißbrotwecken (500 g)
2 hartgekochte Eier
6 g Gelatine
120 g Butter
2 Rahm-Frischkäse
1 Gewürzgurke
3 rote Paprikaschoten
150 g gekochtes Rauchfleisch (oder Pökelzunge)
100 g Wurst
100 g Reibkäse
Petersilie
Salz und edelsüßer Paprika zum Abschmecken

Man halbiert das Brot längs. Die hartgekochten Eier werden geschält, halbiert, die Dotter in einen Suppenteller gelegt und mit einer Gabel zerdrückt. Man verrührt die Gelatine in dem warmen Wasser, läßt sie quellen und dann auskühlen. In der Zwischenzeit verrührt man die (streichfähige) Butter mit dem Rahmkäse, dem Eigelb, der Prise Paprika und schmeckt mit Salz ab. Alle Zutaten müssen sehr gut vermischt werden. Ist das geschehen, rührt man sorgfältig die ausgekühlte Gelatine unter die Buttermasse. Alle übrigen Zutaten werden in kleine Würfel geschnitten oder grob gehackt. Schließlich gibt man noch die gehackte Petersilie dazu und vermischt die grobstückigen Zutaten gut mit der Buttermasse. Diese Füllung gibt man nun in die beiden Brothälften, legt diese zusammen und stellt das gefüllte Brot über Nacht in den Kühlschrank. Vor dem Servieren wird es vorsichtig in dicke Scheiben geschnitten und als Vorspeise gereicht.

Gefülltes Weißbrot II

200 g Butter
4 Semmelwecken (etwa 15 cm lang)
200 g gekochter Schinken
80 g Salami oder Cervelatwurst
3 hartgekochte Eier
100 g Greyerzer
2 mittelgroße Essiggurken
2 EL gehackte Kapern
2 EL fein gewiegte Petersilie
2 EL fein geschnittener Schnittlauch
1 EL Dijon-Senf
Salz und frisch gemahlener Pfeffer
nach Belieben etwas zerriebener Knoblauch

Die Butter wird zunächst aus dem Kühlschrank genommen und in dünne Scheiben geschnitten.

An einem Ende der Wecken schneidet man kleine Kappen ab und höhlt die Wecken aus. Die Krume wird zerpflückt oder zerkrümelt und mit der (weichen) Butter vermengt. Schinken, Wurst, Eier, Käse und Gurken werden in kleine Würfelchen geschnitten und unter die Butter gemischt, ebenso die gehackten Kapern. Schließlich gibt man die Kräuter, den Senf und die Gewürze dazu und verarbeitet alles (am besten mit der Hand) zu einer Fülle, mit der man vorsichtig und sorgfältig, so daß keine hohlen Stellen entstehen, die ausgehöhlten Wecken stopft. Dann setzt man die abgeschnittenen Kappen wieder auf und stellt die Wecken über Nacht in den Kühlschrank. Man kann die Wecken dann mit Mayonnaise und Krauspetersilie verzieren. Mit einem scharfen Messer schneidet man vorsichtig etwa 2 cm dicke Scheiben. Gefülltes Weißbrot bildet eine aparte Vorspeise oder eine attraktive Komponente des kalten Buffets.

Böhmische Topinki „Bähschnitten“

4 Scheiben Mischbrot (mindestens vom Vortag)
2 geschälte Knoblauchzehen
Butter zum Bestreichen
etwas Salz

Die Brotschnitten werden im Toaster geröstet, anschließend kräftig mit Knoblauch eingerieben, mit Butter bestrichen und leicht gesalzen.

„Knusperlen“ geröstete Semmelwürfel

Altbackene Semmeln
Butter

Man schneidet die Semmeln in kleine Würfel (Kantenlänge etwa 1 cm), zerläßt in einer Eisenpfanne reichlich Butter und röstet die Semmelwürfel darin bei mäßiger Hitze goldgelb. „Knusperlen“ waren in der böhmischen Küche eine beliebte Suppeneinlage, zum Beispiel in klarer Rindsbouillon oder – unerläßlich – in der weihnachtlichen Karpfensuppe. Sie sind den

Croûtons

Baguette
Butter
evtl. geriebener Käse

verwandt. Hierfür schneidet man etwa zentimeterdicke Scheiben von einer Baguette und röstet sie in einer Pfanne mit Butter bei schwacher Hitze auf beiden Seiten goldgelb. Man kann das Brot aber auch in Backrohr oder Toaster rösten und zum Überbacken mit geriebenem Käse bestreuen wie bei der französischen Zwiebelsuppe (s. S. 130).

Aparte Brotaufstriche

Olivenbutter

300 g schwarze oder grüne Oliven ohne Stein
2 Schalotten
200 g Butter

Die Oliven und die geschälten Schalotten werden in grobe Stücke geschnitten, die Butter warm gestellt, bis sie streichfähig ist. Man mixt alle Zutaten im Elektromixer, bis sich eine homogene Paste gebildet hat.
Olivenbutter paßt gut zu einer frischen Baguette, aber auch zu Toast, als Vorspeise zu einem trockenen Sherry oder trockenem Weißwein.

Sardellenbutter

125 g Butter
½ Tube Sardellenpaste
oder:
150 g Butter
10 Sardellenfilets

Verwendet man Sardellenpaste, mischt man die streichfähige Butter im Elektromixer mit der Paste, ansonsten hackt man die Sardellenfilets sehr klein und mixt sie dann gründlich mit der Butter.
Sardellenbutter ist ein appetitanregender Aufstrich für frische Baguettes, zur Vorspeise oder für das kalte Buffet.

Senfbutter

100 g Butter
3 El Senf
1 EL gehackter frischer Estragon
Salz

Die Butter wird im Elektromixer schaumig gerührt und mit dem Senf vermischt. Anschließend rührt man von Hand den Estragon unter die Butter und schmeckt mit Salz ab.
Senfbutter eignet sich gut als Unterlage für Appetitsild, aber auch für Roastbeef oder kalten Braten.

Eier-Mayonnaise

3 hartgekochte Eier
100 g Mayonnaise
Salz und frisch gemahlener weißer Pfeffer
1 Döschen Kaviar

Man zerdrückt die hartgekochten Eidotter mit einer Gabel und hackt das Eiweiß grob. Dann mischt man Ei und Mayonnaise im Elektromixer, schmeckt mit Salz und Pfeffer ab. Man kann z. B. Baguettescheiben mit dieser Creme bestreichen und jeweils mit einem Teelöffel Kaviar garnieren.

Käsecreme

50 g Parmesan
50 g Greyerzer oder echter Emmentaler
250 g Magerquark
100 g frischer Ziegenkäse
50 g Butter
2 EL Paprikapulver (edelsüß)
4 EL frische gehackte Kräuter (nach Belieben, z. B.: Schnittlauch, Petersilie, Basilikum)

Parmesan und Greyerzer (oder Emmentaler) werden auf der feingelochten Reibe gerieben. Dann mixt man sämtliche Zutaten im Elektromixer, bis eine glatte Paste entstanden ist. Man formt mit der Hand kleine Kugeln, die man in Paprikapulver oder den feingehackten Kräutern wälzt.

Am besten schmeckt die Käsecreme zu einer frischen Baguette. Man kann sie als Nachtisch mit anderen Käsen reichen – die in Paprika und Kräutern gewälzten Kugeln sind aber auch hübsche Farbtupfer auf einem kalten Buffet.

Schinkencreme

200 g gekochter Schinken
50 g Schweineschmalz (auch Gänseschmalz)
½ TL frisch gemahlener weißer Pfeffer
1 Prise Salz

Man schneidet den Schinken in Würfel und wiegt ihn dann fein mit dem Wiegemesser. Anschließend mischt man Schweineschmalz und gewiegten Schinken im Elektromixer und schmeckt die Creme mit Salz und Pfeffer ab.

SCHMUCKBROTE

Die einzelnen Schmuckformen sind ursprünglich jeweils an ein bestimmtes Material gebunden, man kann aber auch irgendeinen beliebigen Knetteig wählen. Der Teig muß ziemlich fest sein (je detaillierter die Form, desto fester), damit die Konturen nicht verlaufen.

RÜTER-UP-PEERD

Ostfriesisches Nikolausgebäck aus Stutenteig (s. S. 110 unten). Es wird mit einer Schablone oder von Hand geformt. Spitze Winkel kann man mit einer Teigschere ausschneiden. Augen und Knöpfe werden mit Rosinen markiert. Die Figuren, die bis zu 40 cm hoch sind, werden manchmal auch mit Rote-Bete-Saft bemalt.

STUTENSWIEN ▷

Auch das Stutenswien gehört zum herkömmlichen Nikolausgebäck Ostfrieslands (s. S. 110 unten). Geformt wird es mit Hilfe einer Schablone oder frei aus der Hand, wobei man die Winkel mit der Teigschere ausschneidet. Das Auge markiert eine Rosine.

TSUREKI

Dieses typische griechische Osterbrot (s. S. 108) besteht aus einer einfachen Flechte. Man formt drei lange dicke Teigrollen, legt sie parallel nebeneinander und flicht von der Mitte aus nach beiden Enden. An einem Ende wird ein dunkelrot gefärbtes, gekochtes Ei eingebacken, der Teig wird dicht mit Sesam bestreut. Fotos S. 109.

OSTER-FOCHAZ ▷

Osterbrot aus Südtirol

Dieses ursprünglich aus Weißbrot- oder Semmelteig hergestellte Osterbrot hat im Schnitt einen Durchmesser von 30 bis 35 cm. Die mit Fett bestrichene Oberfläche wird unmittelbar vor dem Einschießen gestichelt („gestupft"). Man kann dazu eine feine Stricknadel, eine Gabel oder ein Teigrädchen nehmen. Die Schnittpunkte werden mit Rosinen markiert (Teig s. S. 108).

WIRBELRAD
Oberösterreichisches Neujahrsgebäck

Solche Wirbelräder aus Semmelteig (s. S. 25) hatten manchmal einen Durchmesser von einem halben Meter.
Der Teig wird in acht gleiche Teile geteilt. Ein neunter Teil ist etwas größer. Man formt die Teile zu etwa 20 cm langen Würsten, die man spiralförmig aufrollt und rund um das schneckenförmige (größere) Mittelstück gruppiert.

CHRISTKINDL
Weihnachtsgebäck aus Oberösterreich
(Material nicht bekannt. Vorschlag: wie oben)

Bis zur Jahrhundertwende wurde in Oberösterreich sporadisch dieses „Christkind" in Gestalt eines Wickelkindes mit einer Spirale als Gesicht gebacken. Es war 20 cm hoch. Die aus einer Teigwurst geformte Spirale wird am oberen Ende des Weckens eingedrückt, der kreuzweise eingeschnitten wird.

TANNENZAPFEN
Oberösterreichisches Brauchtumsgebäck (Teig s. S. 25)

Man formt drei lange Teigrollen, legt sie parallel nebeneinander und flicht die eine Hälfte zu einem Zopf, dessen Spitze umgebogen wird. Die drei freien Enden werden spiralförmig aufgerollt.

SCHWEDISCHES LOCHBROT

Der Teig für dieses Flachbrot (s. S. 92 oben) wird etwa 2 cm dick ausgerollt, die Mitte mit einem Glas ausgestochen, die Oberfläche mit der Gabel verziert. – Manches, was uns als Zierat erscheint, hat einen schlichten, praktischen Grund. Das Loch in diesem Brot dient der Aufbewahrung. Lochbrote werden auf etwa 20 cm hohen Hölzern, die auf einer Standplatte befestigt sind, gestapelt.

TOSKANISCHE WEISSBROTFORM
(Teig wie Weißbrot aus Apulien, S. 25)

Man walkt vier gleich große Teigstücke zu runden Fladen aus, die man anschließend einrollt. Die vier Teigrollen werden mit jeweils einem Ende aneinandergeschoben. (Sitzen mehr Esser bei Tisch, kann man entsprechend mehr Teigrollen formen.)

„RADL DI GEIG" aus Südtirol („Geigenwirbel")

Aus einem Teigrest (zum Beispiel S. 25) geformte Doppelspirale.

„KLAMPER" aus Südtirol

Hufeisenförmige Klammern, die aus einem Teigrest geformt werden.

FACHAUSDRÜCKE

abstreichen = das Brot vor, unter oder nach dem Backen mit einer Flüssigkeit bestreichen (mit der Hand oder einem Pinsel)

anfrischen = Vermischen des Sauerteiges mit Mehl und Wasser

angeschobenes Brot = Brote, die im Ofen dicht aneinander geschoben werden, so daß sie nach dem Backen voneinander gelöst werden müssen. Die Seitenflächen sind deshalb nicht gebräunt

ausschießen = aus dem Ofen holen

einschießen = in den Ofen schieben

frei geschobenes Brot = Brot, das nicht in einer Form gebakken und nicht angeschoben ist

gerstern = eine besondere Behandlungsweise des Teiglings. Dieser wird für kurze Zeit einer sehr starken Hitze (in der Bäckereipraxis über offenen Gasflammen) ausgesetzt, so daß sich sofort eine Kruste bildet, die ein Entweichen der Aromastoffe aus dem Teig nicht mehr zuläßt

Laib = runde Brotform

Schluß = die beim Kneten und Formen von Laib oder Wecken in der Mitte zusammenführenden Teigränder, die am fertigen Brot noch als Narbe in Erscheinung treten

Schwaden = Wasserdampf im Backrohr, der u. a. die Brotrinde noch einige Zeit elastisch hält und damit die Volumenbildung günstig beeinflußt

Teigling = der geformte, backfertige Teig

Wecken = längliche Brotform

Zuguß = jegliche in den Teig kommende Flüssigkeit.

Verzeichnis der Rezepte